JN100608

教育・学校心理学

進藤聡彦・谷口明子

教育・学校心理学（'20）

©2020　進藤聡彦・谷口明子

装丁・ブックデザイン：畑中　猛

s-67

まえがき

　今，本書を手にされているのは，どのような方だろう。大学で心理学を学ぶ学生の皆さんが多いことは容易に想像できるが，「教育・学校心理学」という書名から推測してみると，学校の先生方かもしれないし，就学児の保護者の方かもしれない。また，多くの方にとって教育の問題は関心事の１つになっていると考えれば，直接的には教育に携わっていない幅広い方々にも，本書を手にとっていただけているのかもしれない。

　このように幅広い読者層が想定されることを踏まえて，執筆に際してはいくつかのねらいを定めた。まず，レベルを落とすことなく，これまで心理学，とりわけ教育・学校心理学にほとんど触れてこられなかった方にも，理解していただけるように努めた。

　また，「教育・学校心理学」が実生活において役立つことを感じていただけたらという思いも込めた。そのために，単に教育・学校心理学の用語の解説に終わるのではなく，実際の教育活動と関連づけることに注意を払った。

　さらに，「教育・学校心理学」の内容は公認心理師の国家試験で出題されるので，その対策にも堪えられるように，この領域の内容をできるだけ網羅することも心掛けた。

　ところで，以前，友人の心理学者から「時間的展望」についての自著を送ってもらったことがある。時間的展望というのは，自分の過去や未来についての認識のことである。その中で物理的時間と心理的時間の違いについて触れられていた。物理的時間は，時計で計られる時間である

のに対し，心理的時間とは恋人を待つ時間は長く感じるのに，恋人と一緒に過ごす時間は短く感じるというように，過ごし方によって感じ方が相対的に変化する時間のことである。また，心理的時間の速さには自分にとって意味のある課題を成し遂げようとする達成動機が関係していて，達成動機に動機づけられているときには，時間を短く感じるという研究も紹介されていた。

　本書の2名の著者は，いずれも一貫して「教育・学校心理学」の教育・研究に携わってきた。研究をしているときのテーマの追究は達成動機に動機づけられているし，恋人と過ごす時間のように楽しい時間でもあるので時間が瞬く間に過ぎてしまうこともしばしば経験してきた。

　先に本書のねらいをいくつか挙げたが，もう1つのねらいがある。それはむしろ著者らの願いといった方がいいかもしれないが，著者らが感じている「教育・学校心理学」のおもしろさに共感してもらえ，時間が短く感じられるように本書を読んでいただくことである。また，本書で取り上げたトピックを達成動機に基づいて自分なりに深く追究しようと考えていたらあっという間に時間が過ぎてしまったというように筆者らの経験を共有してもらえることである。

　このように本書はたくさんのねらいが込められた欲張りな本である。本書がねらい通りのものとなり，皆さんの学びの源となることを願っている。

　なお，本書の完成までには放送大学教育振興会の甲斐ゆかり氏に大変お世話になった。

　記して感謝申し上げたい。

2019年9月
著　者

目 次

1 │ 教育・学校心理学を知る

進藤聡彦

《**目標＆ポイント**》　この章では，教育・学校心理学とはどのような研究分野で，その特徴は何か，また心理学全体の中でどのように位置づけられるかについて概観していく。そして，そこではどのような研究法によって，どのような内容の研究を行っているのかについて具体的にみていく。さらには，主に人を対象とする心理学において，研究を進める上で大切な研究倫理の問題についても触れていく。
《**キーワード**》　学校教育，教育・学校心理学の特徴，研究法，研究倫理

1．教育心理学とは何か

（1）教育心理学の特徴

　心理学はその内容からいくつかの分野に分けられる。その分類の仕方はさまざまであるが，例えば認定心理士という資格がある。これは，日本心理学会が心理学の専門家として仕事をするために必要な，最小限の標準的基礎学力と技能を修得していることを認定するというものである。この資格の認定のための取得単位に指定された分野として，学習心理学，生理心理学，教育心理学，発達心理学，臨床心理学，人格心理学，社会心理学，産業心理学などが，また研究法に関連して計量心理学などが挙げられている。これは分類の仕方の１つではあるが，大抵の場合，教育心理学は心理学の主要な研究分野の１つに数えられている。

　教育の面では教員免許を取得するために，教育職員免許法施行規則に

おいて教職に関する科目として教育心理学関連の単位を修得することが求められる。これは教育をする上で，教育に関わる人の心理や行動を対象にする教育心理学の知識が基盤になるとの考えに基づくものであろう。

　教育心理学は，人の学習や発達を指導・支援する教育という営みを対象として，教育事象に関わる心理・行動を理論的，実証的に明らかにし，教育の改善に資することを目指す学問分野である。しかし，他の心理学分野と同様に他分野と内容的な重複があったり，相互に関連していたりする。例えば「幼児に絵本を読み聞かせることは，その子どもにどのような影響を与えるのか」といった問題は，教育心理学の研究対象でもあり，発達心理学の研究対象にもなる。また，「なぜ不登校になる子どもがいるのか」，「その子どもが学校に行くようになるにはどうしたらいいのか」という問題は，教育心理学の研究対象でもあり，臨床心理学分野の問題でもある。このように心理学の各分野の研究対象は相互に関連しており，教育心理学も例外ではない。

　ところで，教育には学校教育だけでなく，家庭教育や社会教育もあるが，本書ではタイトルからも分かるように，主に学校教育に焦点を当てていく。

（2）教育心理学の研究対象

　心理学はいくつかの分野に分けられることは既に述べたが，教育心理学のなかもいくつかの領域に分けられる。例えば日本教育心理学会の総会時に発刊される発表論文集（予稿集）の2019年度版での発表区分は，「発達」，「教授・学習・認知」，「社会」，「人格」，「臨床」，「特別支援」，「学校心理学」，「測定・評価・研究法」の8つとなっている。

　そして，「発達」領域では，乳幼児から老年期のうち特定の年齢段階に焦点を当て，その認知，情意，行動の特徴を明らかにしたり，年齢段

階間の変化を明らかにしたりする研究などが行われている。「教授・学習・認知」領域では，主に学校教育の教科学習についての子どもの認知の実態や効果的な教授法の開発などの問題が取り上げられている。

　そして，「社会」領域では，学校内での友人間の関係や教師と児童生徒間の関係などが取り上げられ，「人格」領域では「自己肯定感尺度」のような人格のさまざまな面に関する尺度を作成したり，それらの尺度を用いた人格特性間の関連や行動との関連を見出したりする研究が行われている。また，「臨床」領域では，子どもの情緒障がいやストレスに関連した問題などが取り上げられている。

　「特別支援」領域では，視覚，聴覚，知的の各障がいや肢体不自由，病弱（身体虚弱を含む）などの子どもへの教育の試みなどが報告されている。「学校心理学」は学校の子どもに生じる問題を学習面や対人関係の面など，複数の側面からトータルにとらえ，問題予防や解決の援助に関する理論や実践を支える研究領域であり（石隈，2016a），問題の予防プログラムの開発や実践，問題の解消のための実践が試みられている。また，「測定・評価・研究法」の領域では，学力テストなどのテスト開発やその妥当性の検証，教育心理学における統計学的な分析手法の開発や理論の構築などが行われている。心理統計学は，教育心理学の研究を進める際の分析，とりわけ量的分析の基盤となる領域であり，「測定・評価・研究法」領域の研究はそれを支えている。

2.　学校心理学とは何か

（1）「学校心理学」の心理教育的援助サービス

　ここでは「学校心理学」領域についてもう少し詳しくみていくことにする。なお，学校心理学を教育心理学の隣接領域とするとらえ方もあるが（石隈，2016a），本書では先の日本教育心理学会の発表論文集の区分

に従って，学校心理学を教育心理学の一領域と位置づける。その学校心理学は，先に述べたように「一人ひとりの子どもが学習面，心理・社会面，進路面，健康面などにおける課題の取り組みの過程で出会う問題状況の解決を援助し，子どもの成長を促進する“心理教育的援助サービス”の理論と実践を支える学問体系」（石隈，2016a p.2）などと定義されている。

　そして，学校心理学が対象とする心理教育的援助サービスの具体的な援助活動としてアセスメント，カウンセリング，コンサルテーションがある（小野瀬，2016）。アセスメントは援助方策を考えるための学習面，健康面などに関する情報収集である。カウンセリングは，教師やスクールカウンセラーなどによる子どもに対する直接的な援助的な関わりである。また，コンサルテーションはその子どもに直接関わる人たちが効果的に援助できるように働きかける，専門家による間接的援助である。そして，コンサルテーションには教師や保護者などの援助の力量を高めてもらうための研修タイプ，子どもに生じた問題への解決を目的に行われる問題解決タイプ，学校のマネジメント機能やカリキュラムの改善を対象としたシステム介入タイプがある（小野瀬，2016）。

　学校心理学の基本的考えとして，①子どもを1つの人格をもち，個性をもつ者として尊重すること，②子どものもつ力や興味・関心といった自助資源の活用と成長を目指すこと，③子どもの周囲の友人・保護者・担任教師・部活動顧問・養護教諭・スクールカウンセラーなどの援助資源を活用し，「チーム学校」で心理教育的援助サービスを進めること，の3点が挙げられている（石隈，2016a）。

（2）キーワードにみる学校心理学
　ここでは学校心理学の特徴を表すキーワードを3つ挙げる。その1つ

が「チーム学校」である。チーム学校とは，**図1-1**に示すように家庭や地域と連携・協働しながらSC（スクールカウンセラー）やSSW（スクールソーシャルワーカー）などを含み，学校が一体となって多様化・複雑化する子どもの課題に対応しようという考え方である。この考え方は中央教育審議会の平成27年（2015年）の答申「チームとしての学校の在り方と今後の改善方策について」にもみられる。

　2つめのキーワードは，子どもに生じる問題を「トータル」にとらえるということである。例えば，学業不振の子どもの場合，その原因はその子ども自身の努力不足かもしれないし，先生の教え方が十分ではなか

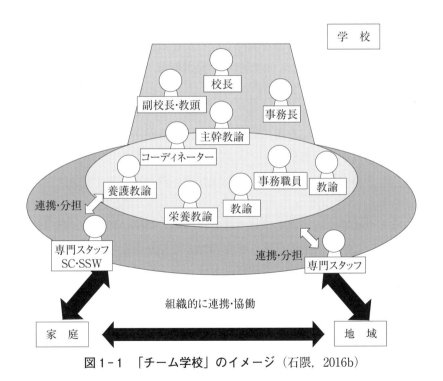

図1-1　「チーム学校」のイメージ（石隈，2016b）

ったのかもしれない。また，家庭の問題や対人関係上の問題，健康上の不安などに悩んでおり，勉強どころではなかったということも考えられる。また，それら単一の原因ではなく，いくつかの原因が複合的に関わって，学業不振を引き起こしているのかもしれない。学校心理学での心理教育的援助サービスは子どもをトータルに援助することが目指される。そのためには，家庭や地域と連携・協働しながら，チーム学校で当該の問題に対処する必要がある。そうした活動への理論と実践を支えるのが学校心理学である。

　3つめは「環境のなかの子ども」である。これは子どもの問題が個人の要因と環境の要因との相互作用によって生じるという考え方である。学級で孤立している子どもがいたとする。この場合，その子どもの友人関係を形成・維持する能力が低いといった子どもの側の要因と，学級が競争的な雰囲気であるといった環境の要因の相互作用の結果であるともとらえられる（中井，2016）。このように学校心理学は，その問題をかかえている個人にだけ焦点を当てるのではなく，その個人が置かれた環境や両者の相互作用にも焦点を当てる点に特徴がある。そこで，学校心理学では心理教育的援助サービスの直接の担い手であり，環境を変えることのできる教師や保護者といった援助者へのコンサルテーションが重要になる。

　こうした援助を行うためには，教育についての深い理解と，第1節で触れた教育心理学の他のさまざまな領域の知見が支えになる。したがって，学校心理学での心理教育的援助サービスを実効性の高いものにするために，教育心理学について広く学ぶことが不可欠になる。

　以下では，教育心理学でどのような研究法がとられているのか，具体的研究例とともにみていく。

3. 教育心理学の研究法

（1）記述的アプローチ

　教育心理学では実証性を重視し，事実に即したデータを量的または質的に分析することによって，教育的に意味のある知見を得ようとする。そして，それに迫るために，記述的アプローチ，相関的アプローチ，実験的アプローチ，実践的アプローチの4つがとられている（鹿毛，2006）。

　記述的アプローチでは，主に教育事象のありのままを記述し，その記述データに基づき，当該の教育事象に関わる実態を見出そうとするアプローチである。学校では協同学習を始めとして教師と子ども，また子どもどうしのやりとりで学習が進められる。高垣・松尾・丸野（2013）は，授業での学び合いを成立させる会話運用のための学級のグラウンド・ルール（教室の子ども達に共有されている暗黙のルール）について，教師がどのようなグラウンド・ルールをどのように児童たちに共有化させているかについて調べた。調査対象は入学間もない小学校1年生の学級の朝の会である。

　入学間もない小学校1年生にとっては，教師と個々の児童とのやりとりが教室内での対人関係の中心であり，全体の中で他の児童たちを聞き手として意識して発言することの難しさがある。また，全体の中での他の児童の発言を自分に向けられたものとして聞くことの難しさがある。調査の結果，教師は他の児童の発言を聞くことに関する3つのグラウンド・ルールの共有を図っていることが見出された。**表1-1**はそれら3つのグラウンド・ルールとその具体例である。

　この研究例のように，記述的アプローチでは特定の個人や学級など，少数事例を対象としたものが多く，得られた知見がどの程度一般化でき

表1-1　教師が朝の会で共有を図っていたグラウンド・ルール
　　　　（高垣ら，2013）

グラウンド・ルールのカテゴリー	内　容	具体例
自分の行為の制御	学校生活における多様な活動の目的や，その時々の状況に応じて，自分がどのように振る舞うべきかを判断し，今の自分の行為をモニター，調整する。	**教師**：電車の中でも，友だちが横にいれば，すぐに大声でおしゃべりをして，周囲の人に嫌な気持ちを与えていることなど，少しも気にせず平気な人がいます。
他者との積極的な関わり	他者の行動や言葉に関心をもち，そこに込められた意図や気持ちを積極的に理解しようとする。	**教師**：けんかでも，しっかりと自分や人のことを考えたけんかをすること。手をあげるのではなく，言葉をしっかりとつかんでください。その言葉もちゃーんと広い心で言ったり，受け止めたりする。
他者との関わりを通じた自他理解	他者との積極的な関わりを通じ，自分と他者の違いを知り，そのことを通じて自分や他者の良さ，更に高めていくべき部分などについての理解を深めていく。	**教師**：お友達に対して，私の裏の裏まで自分を出してあげようかなって，裏っていうのは自分自身も知らない，自分の力があります。ね？あー，こういうときはちょっと弱いんだなとか，あー，こういうこと案外やれるんだ，頑張れるんだとかね。そういう見えない良い力に気づいて下さい。

注：下線部は各カテゴリーの特徴的な内容。

るのかを確定することは難しい。また，**表1-1**のグラウンド・ルールのカテゴリーの設定や発言の各カテゴリーへの分類などは解釈によるものであり，客観性に問題があると考える場合があるかもしれない。しかし，一事例であるがそれは教育場面の現実の姿であり，その事実に基づき分析がなされているという点では，実証的である。また，解釈の客観性を担保するために複数の判定者によるなどしてこの問題をクリアしている。

　記述的アプローチによる研究では，教育の場での事象をそのままの形でとらえられることや，一事例から得られた知見であろうとも，それが現実に生じている教育事象を分析する際の着眼点や教育事象に関する仮説を提供してくれる点に大きな意義がある。

（2）相関的アプローチ

　相関的アプローチは複数の要因間の関連を見出そうとする場合に用いられる。その例として，ここでは受験競争観によって学習動機，受験不安，学習態度がどのように異なるかについて，高校2年生576名を対象に調査した鈴木（2014）の研究を取り上げる。受験競争観の測定には心身の消耗や学習意欲の低下，友人関係の悪化といった，受験競争を否定的にとらえる「消耗型競争観」と，自分で感情や行動を調整する能力や学習意欲の向上，友人関係の親密化といった，肯定的にとらえる「成長型競争観」を測定する受験競争観尺度を用いた（**表1-2**）。

　また，学習動機，受験不安，学習態度の測定には，それぞれ自律的学習動機尺度（「学習する理由は，問題を解くことが楽しいから」などの項目），試験不安尺度（「受験のことを考えると自信がなくなってくる」などの項目），学習態度尺度（「受験に出る可能性が低いようなところは勉強しない」などの項目）を用いて各項目への評定を求めた。その結果，

表1-2　受験競争観尺度の項目例（鈴木，2014）

成長型競争観の項目
競争をすることで，自分の学力を高めることができる
競争をすることで，相手とお互いを高め合うことができる
競争を通して，社会で生き抜く力をつけることができる
消耗型競争観の項目
競争があることで，焦りが生じイライラする
競争を通して，人間関係が悪くなる
競争があることで，学習内容に対する興味がそがれてしまう

　消耗型競争観が強いほど「学習をさせられている」というように，学習に対して受動的に動機づけられ，受験不安も高かった。逆に成長型競争観を強くもつほど学習に自発的，自律的に動機づけられていたり，受験のためだけに学習したりしていないことが明らかになった。

　この研究例のように，相関的アプローチでは心理尺度を用いることが多く，一度に大勢を対象にデータを得ることができる。また，そのデータは評定値に基づいて量的に表すことができるため，統計学的な分析が可能になる。これらのことは結果の一般化にとって有利に働く。

　一方で，得られる結果は基本的には要因間の相関関係であり，因果関係の直接的な特定は難しい。例えば，読書量と学力を調べたところ，両者間に相関関係があったとしよう。その場合，読書をすると学力が伸びるのか，逆に学力が高いために文章の読解を容易に感じて，読書を楽しめるために読書量が多くなるのかといった因果関係は直接的には特定できない。

（3）実験的アプローチ

　実験的アプローチでは，設定した条件の違いにより結果がどう変化す

るのかを測定し，条件の効果を調べようとする。このとき条件の違いを示す変数を独立変数，実験の結果を反映する変数を従属変数という。

　小林（2009）は，大学で開催した「夏休みゼミナール」に参加した中学 2 年生に 3 時間のグループ学習による授業を行った。取り上げたのは理科の等速直線運動や等加速度運動など，運動の規則性についての内容であった。その際，中学生は 4 群に分けられ，各群は異なる条件の授業を受けた。第 1 の群は，「台車を斜面に滑らせる（摩擦力はないと仮定する）。台車の滑り落ちる速さは，時間が経つにつれてどうなるか」のような課題の解決に向け，生徒に自由に実験をさせた。第 2 の群は，課題に沿って教師が仮説をつくり，その仮説を検証するための実験を計画し，得られた結果から仮説の妥当性を検証する過程をすべて演示した。そして，生徒たちは，法則を見出すための教師による模範的な過程を観察した後，教師に倣って実験を行った。

　第 3 の群は，それぞれの生徒が課題の正答を予想し，その理由を述べた上で，グループごとに討論・実験を行った。そして第 4 の群では，それぞれの生徒に課題についての仮説を立てさせた後（仮説の設定），仮説の検証のためにはどのような実験をしたらよいか，そしてどのような結果が得られたら仮説が検証されたことになるのかをグループで考えさせ，実験計画を立てさせた（証拠収集の計画）。結果が得られたら，その結果をよく見て（結果の観察），自身の仮説は正しかったのかを振り返らせた（結果の解釈）。

　授業後の理解度テストでは，第 4 の群が他の 3 群よりも成績がよかった。第 4 群への授業方法は，科学的な仮説検証の過程に関する知識を生徒自身に実際に行わせることを通して教授するものであった。したがって，この結果は仮説検証の一連の過程に必要な手続きに関する枠組み的な知識を理解し，その枠組みにしたがって理科実験を行うことが，学習

内容の理解の深化をもたらすことを示唆している。

　実験的アプローチの基本構造は，実験群と統制群（または，対照群）の設定と群間の結果の比較である。実験群は，何らかの働きかけを受ける群であり，統制群はそのような働きかけのない群である。小林（2009）の実験では，1つめの群が統制群であり，他の3つが実験群となる。そして，実験群と統制群の比較によって，また実験群間の比較によって，それぞれの実験群に与えられた条件の効果の違いを明らかにすることができる（ゆえに比較実験法とも呼ばれる）。

　実験的アプローチでは，特定の条件間の効果の違いの検出が目的になるため，取り上げた条件に関わる要因以外の要因（剰余変数という）の統制が必要になる。小林（2009）の例では，4群の理科の学力などが事前段階で等質であることや，各群の指導に当たる実験者が同一であることなどが求められる。

　実験法の長所は因果関係を特定しやすいことである。先の読書量と学力の関係では，実験群に一定の期間，通常の読書量以上の読書を課し，統制群には特定の指示をしないようにして，その期間の終了後に学力テストを実施し，実験群の学力が統制群よりも高くなれば，読書（原因）が学力の向上（結果）につながったことが直接的に検証できる。

　しかし，実験の対象には制限がある。極端な例を挙げると，非行少年を生む環境を解明するために，子どもにそれに関与すると予想される環境を与えて，通常の環境で育った子どもと比較するといったことは倫理上，絶対に許されないことである。

（4）実践的アプローチ

　上記の3つのアプローチは，直接的には理論構築や教育事象の理解を目指すものであった。それに対して，実践的アプローチはよりよい教育

の創造に焦点を当てて，より直接的に教育に寄与することを目的としている。その特徴は，教育に直接的に支援・介入する点と現実の教育の場という自然な状況を対象とする点である（鹿毛，2006）。教育に直接的に支援・介入するという点は，先の小林（2009）のような実験的アプローチにもみられるものであるし，自然な状況での教育実践を対象としている点は高垣ら（2013）のような記述的アプローチにもみられるものであるが，両方の特徴を前面に出しているのが実践的アプローチだといえる。

　また，実験的アプローチによって統制群に旧来の教授法Aで教え，実験群で新たな教授法Bで教えたときに，事後テストの正答率が前者は30％，後者は60％で両群間に統計学的に有意な差があったとしよう。この場合，実験的アプローチでは教授法Bの有効性が検証されたため，実験としては成功であったと考えることが多い。しかし，実践的アプローチでは，教授法Bで教えた場合でも，6割の者しか正答できなかったことを重視し，さらに教授法を改善する余地があると考える。このように実践的アプローチは教育目標の到達を志向する性質をもつことも特徴だといえる。

　実践的アプローチの例として，吉國・赤沢（2012）を挙げることができる。この研究では，特別支援学校の小学部に通う5年生の児童を対象に，Ⅱ位数およびⅢ位数の加法についての1年半に及ぶ学習援助過程を報告している。当該児童は事前段階では，①Ⅱ位数やⅢ位数の加法は未習得であるが，「123円」といえば硬貨を使って，その金額を選び出すことはできる，②数を数えるものとしては認識できているが，量を表すものとしては認識できていない，③十進法の必然性が認識できない，などの状態にあった。

　そこで，具体物と抽象的な数を媒介するものとして，また「位」の概

念を獲得させるための教具として硬貨を使う，位取り記数法と筆算を教授する，日常のお金の使用などでは大きい位の方が大きな意味をもつという理由から，筆算では位の大きい方から足していく，などの教授原則を採用した。その結果，部分的にはⅢ位数どうしの加法の問題解決もできるようになった。この場合，統制群を設けていないため，一連の支援・介入活動のうち，どれが目標の達成に寄与したのか，またこの一連の方法でなければ目標に達することはできなかったのかを特定することはできない。この問題についてどう考えればいいのかについては次節で触れる。

4. 教育実践と教育心理学研究

（1）実験としての教育実践

　ある大学4年生が教員採用の面接試験で，面接官から「教師になったらどんなことをやってみたいか」という質問を受けた。自信たっぷりに「授業でいろいろ実験してみたい」と答えたところ，「子どもは動物じゃないんだ」と叱られたという。

　では，本当に授業は実験ととらえることはできないのだろうか。通常，授業を始める前には学習内容が子ども達に習得されることを目指した授業案がつくられる。これはいわば仮説に相当する。そして，その授業案に沿って行われる授業は実験であり，そこでの子ども達の反応や事後テストの成績は，実験の結果ととらえることができる。であるならば，これは実験といっていいのではないだろうか。そして，授業内でその教師があらかじめ予想した反応が得られたり，事後のテストで目標としていた水準に達したりした場合，その授業は成功したことになるし，実験としての授業は仮説が検証されたことになる。こうした実験としての授業は，先の4つのアプローチのうち，実践的アプローチに属すものである。

　ところで，現実の教育実践では，さまざまな働きかけが行われるために，実験的アプローチのように剰余変数を統制し，統制群と比較するようなことができない。そのため，実践のなかで行われた一連の活動のうちどれが有効だったのかを特定することは難しい。しかし，授業を例にとると，事前にできなかった問題が授業後に解けるようになったのであれば，少なくともそこで行われた一連の教育活動の有効性が十分条件的には検証されたことになる。

　こうした発想に基づく研究法は構成法と呼ばれる（牛島ら，1969）。構成法の考え方は，実践的アプローチによる検証の論理と合致する。すなわち，実践的アプローチではあらかじめ定めた目標の実現を目指し，それに必要だと考えられたいくつかの課題群（あるいは働きかけ）を用意し，それらを最適と思われる配列（働きかけの順序）で課していく。

　そして，その結果が目標に到達した場合には，そこで用いられた課題群とその配列が適切であったことが十分条件的には検証できるというわけである。また，実際に用いられた課題群やその配列とは異なる方法で教えた場合を想定し，そこで予想される結果を，実際の結果と模擬的に比較することによって，疑似的な必要条件的な検証をすることもできる。

　冒頭の教員採用の面接試験のエピソードに戻ってみよう。先に実験的アプローチにおいて，非行少年になるような環境を人為的につくることに倫理的な問題があると述べた。おそらく，面接官は実験の非倫理的な面を問題視したのであろう。しかし，その学生が実践的アプローチによる授業という実験を念頭に「授業でいろいろ実験したい」答えたのであれば，これから教師になろうとする者の回答としては的を射たものであることになる。

　なお，実践的アプローチでは多くの場合，対象が一人の子どもであっ

たり，1つの学級であったりする。この点で事例研究（case study）である。よって，結果を一般化するのは難しいのではないかという問題が生じる。しかし，記述的アプローチと同様に，一事例であっても構成法の考え方にしたがって，事前の子ども達の実態と外からの働きかけ（支援・介入）の結果を対照することで，その働きかけの有効性についての知見および新たな着眼点や仮説が得られる。

（2）実践的アプローチに求められる条件

　先に実践的アプローチによる研究は，現実の教育の場を対象にすることが特徴の1つだと述べた。したがって，実践者である学校の教師などとの協力は不可欠である。近年の教育心理学研究では，直接教育にあたっている教師と研究者の共同研究が行われることも多くなっており，研究計画の立案の段階から協同で作業を進める研究も多い（先の吉國・赤沢（2012）も研究者と特別支援学級の当該児童の担任教師との共同研究であった）。

　そして，そのことは研究を進める上で必要な条件でもある。というのは，授業を対象とするような場合，研究者が作成した授業案などの支援・介入計画を，研究の対象となる子ども（達）の担当の教師に渡して，授業を実施してもらうだけでは，授業の中で予期しない子ども達の発言などに戸惑って，教師が研究の趣旨から外れた応答をしたりすることがあり，それは研究にとって不都合であるからである。研究計画の立案段階から協同で作業を進めることで，研究の趣旨が共有されていれば，そうした場合でも適切な対応ができる。

　ところで，心理学の研究を進めていく上で最も大切なことは，倫理面への配慮である。特に，教育に直接的に支援・介入する実践的アプローチの研究では，その対象になる子ども達の不利益につながらないよう，

細心の注意を払う必要がある。日本心理学会の倫理規程第3版（日本心理学会，2011）によれば，心理学研究一般について，①研究対象者の心身の安全，人権の尊重，②インフォームド・コンセント（年少の対象者などには保護者など），③個人情報の保護・管理，④研究者の所属する機関，および研究対象者の所属する機関の倫理委員会等からの研究計画の承認を受けることなどの要件が挙げられている。

学習課題

1　教育心理学に関連した心理尺度にはどのようなものがあるか調べてみよう。
2　幼児に対する絵本の読み聞かせがどのような効果をもつか実験的アプローチで調べたい。そのための実験計画をなるべく具体的に立ててみよう。
3　支援・介入をする研究に留まらず，心理尺度を使った研究でも倫理的な問題が生じることがある。それはどのような問題か考えてみよう。

引用文献

石隈利紀（2016a）．学校心理学の意義　日本学校心理学会（編）学校心理学ハンドブック（第2版，pp.2-3）．教育出版

石隈利紀（2016b）．「チーム学校」における連携—スクールカウンセラーの役割と課題　日本心理研修センター（編）公認心理師　臨床心理学，増刊号，33-35.

鹿毛雅治（2006）．教育心理学と教育実践　鹿毛雅治（編）朝倉心理学講座8　教育心理学（pp.1-20）．朝倉書店

小林寛子（2009）．「仮説評価スキーマ」教示と協同活動が科学的な法則や理論の理解と観察・実験スキルの向上に与える影響　教育心理学研究，57，131-142.

中井大介（2016）．学校心理学に関する研究の動向と課題—生態学的システム論から見た学校心理学—　教育心理学年報, *55*, 133-147.

日本心理学会（2011）．日本心理学会倫理規程第3版　公益社団法人日本心理学会

小野瀬雅人（2016）．学校心理学の方法　日本学校心理学会（編）学校心理学ハンドブック（第2版, pp.6-7）．教育出版

鈴木雅之（2014）．受験競争観と学習動機，受験不安，学習態度の関連　教育心理学研究, *62*, 226-239.

高垣マユミ・松尾　剛・丸野俊一（2013）．朝の会におけるグラウンド・ルールの共有を図る教師の働きかけ　教授学習心理学研究, *9*, 29-36.

吉國秀人・赤沢　潔（2012）．特別な支援を必要とする児童への「大きい位から足す筆算指導」の実践　教授学習心理学研究, *8*, 88-100.

牛島義友・阪本一郎・波多野完治・依田　新（監）（1969）．教育心理学新辞典　金子書房

参考文献

下山晴彦・能智正博（編）（2008）．心理学の実践的研究法を学ぶ　新曜社

日本学校心理学会（編）（2016）．学校心理学ハンドブック（第2版）　教育出版

2 | 教科学習の教育心理学的視点

進藤聡彦

《目標＆ポイント》 教育心理学にあまり触れたことのない人の中には，教育心理学の研究対象は，主にいじめや不登校といった「こころの問題」であり，教科の学習については取り上げられることはないと思っていた人も少なくないだろう。しかし，教育心理学の「教授・学習・認知」の領域では教科学習に関する研究も盛んに行われている。この章では，教育心理学の視点から教科学習についてみていく。

《キーワード》 教授・学習過程，教科学習，学習観，授業形態，授業方法

---

1. 学習についての心理学の考え方

（1）行動主義の学習観

　心理学には学習について，大きく分けて3つの考え方がある。第1に行動主義の考え方である。第2に認知主義，そして第3に状況主義の考え方である。教科の学習について考える上で，まずこれら3つの考え方を確認しておこう。

　行動主義とは客観的に観察可能な行動を対象として，学習のメカニズムを説明しようとする考え方である。スキナーはレバーを押すとエサが出てくるスキナー箱と呼ばれる箱にネズミを入れ，そのようすを観察した。すると，最初ネズミは箱の中をウロウロするだけであったが，あるとき偶然レバーを押してエサを得ることができた。こうしたことが繰り返されるうちに，ネズミがレバーを押すまでの時間は徐々に短くなって

いき，最終的には，ネズミはエサがほしいときにはレバーを押してエサをとることができるようになった（Skinner, 1938）。

「レバー押し」という新しい行動が学習されるためには，刺激（活動を誘発するような作用因）であるレバーに対して押すという反応をしたときに，同時に報酬となるエサが与えられることがポイントになる。レバー押しのような自発的な反応にエサを伴わせ，反応の出現頻度を増加させる手続きを強化といい，報酬となるエサを強化子という。また，このような学習様式をオペラント条件づけという。

（2）行動主義とプログラム学習

オペラント条件づけの考え方に基づいて，スキナーが開発したのがプログラム学習である（Skinner, 1958）。プログラム学習では，ある学習内容に関わる課題群を目標到達までの全体構造にしたがって細分化し，系統的に配列する。そして，その系統的な課題群に解答しながら，徐々に学習を進めていけば，学習目標に到達するというものである。そして，この過程はティーチング・マシンによって行われる。

プログラム学習をオペラント条件づけの考え方でとらえれば，課題が刺激，解答が反応，正答によって得られる達成感や喜び，そして教師などからの賞賛が強化子となって目標到達までの学習を順次進めさせようとするのがプログラム学習である。

効果的なプログラム学習が成立するための原則として，次の4つが挙げられている。まず，第1に積極的な反応の原理である。これはスキナー箱の実験でネズミの自発的な反応（レバー押し）が学習成立の前提になるように，学習者が積極的に課題に取り組むことが前提条件になって学習が成立する。

第2に即時フィードバックの原理である。これは学習者が課題に解答

をしたら，すぐに正誤を知らせるというもので，誤りの定着を防ぐことが目的である。第 3 はスモールステップの原理で，目標までの課題を細分化することである。これは誤答を防ぐため，また着実に目標に到達させるための原則である。第 4 は自己ペースの原理であり，学習速度の個人差を考慮したものである。

　身近なプログラム学習の考え方に近いものの例として，ドリル学習を挙げることができる。ドリル学習では学習者が類似の課題を繰り返し解くこと，難易度の低い課題から高い課題へと課題が配列され，徐々に目標の達成が目指されるという性質をもつからである。

　なお，スキナーが考えたのは，1 種類の課題群とその系列から構成される直線型プログラム学習であったが，学習者の事前の学力などの個人差に応じて，誤答の種類もいろいろありうる。また，学習者によっては段階を飛び越えて，次の課題に進むことのできる者もいる。そうした誤答の種類や個人の特性に対応した複数の課題系列を用意し，学習目標への到達を目指すタイプのものを枝分かれ型プログラム学習という。

　プログラム学習は，個人差に対応しにくい一斉授業や教師主導の授業に対する批判として生まれてきたものであり，学習者の積極的な学習参加，個々の学習者の尊重，すべての学習者の目標到達の保証などを重視した点に当時としての意義が認められる。その反面，個別の学習を前提にしていることから，通常の一斉授業にはなじまない面もある。

（3）認知主義の学習観

　コンピュータ科学に刺激を受けたといわれる認知心理学は，1960 年代後半から盛んになり，知覚・思考・記憶といった認知の働きに関わる心理過程を情報処理という観点から解明しようとする研究分野である。そして，学習を新しい知識の獲得，知識間の構造化など認知構造が変化す

ることととらえる。つまり，行動主義が外から観察可能な刺激と反応で学習を説明しようとするのに対して，認知主義では外からの情報に対して，それがどのように頭の中で処理されるのかに焦点が当てられる。そして外から見える行動は情報処理の仕方の反映だと考える。

　上記の通り，認知主義では認知構造が変化することが学習の成立だと考えるが，教科の学習でこうした考え方が前面に出ているのが，発見学習である。これはブルーナー（Bruner, 1961）が提案したもので，教師が周到に用意した課題に基づき，学習者の主体的な認知活動によって，新たな概念や法則を学習者自身に見出させていくという教授法である。いわば研究者が法則などを発見する過程をたどり，その発見を再現できるように計画された授業である。そこでは，学習者は自らの既有知識を選択し，使用していくといった能動的な認知活動が行われ，新たな知識が獲得される。

（4）状況主義の学習観

　個人はいろいろなコミュニティに所属している。コミュニティは何らかの実践を伴うという性質をもつが，状況主義ではそうした性質をもつコミュニティに十全に参加できるようになっていくことが学習だと考える。そして，学習の社会的な側面や状況文脈を重視し，学習はコミュニティの中で他の人との相互作用を通じてなされ，具体的なモノやコトに依存して成立すると考える。こうした考え方は，学習が社会的状況から切り離された個人の中で生起するものとする行動主義や認知主義とは異なる（一柳，2018）。

　教科学習に関していえば，海外では路上で物売りをしている子ども達がいるが，その子ども達は売った品物の金額やおつりは正しく計算できるのに，同じ計算を学校で習う数式の形で出題すると成績はふるわない

という。つまり，その子ども達の学習した算数は，そのモノ（例えば商品）やコト（商品の売買）に特化した形で行われる状況文脈に規定されたものである。こうした現象は状況主義の考え方の妥当性を裏づけるものとなっている。状況主義の考え方からみると通常の学校教育について，状況文脈を考慮していないことが批判の対象になる。以下は，状況文脈に関連した対照的な2つの例である。

　アメリカの山岳地帯の辺地に住む子どもを対象にした調査で，「君が10セント持っていて，お菓子屋さんでアメ玉を6セント買ったら，いくら残るか」という減法の問題を課したところ，「僕は10セントも持っていないけれど，もし持っていてもアメ玉を買うのには使わないよ。だって，ママが作ってくれるんだもの」と答えたという。期待した答えが得られなかったため，「お父さんの飼っている10頭の牛を君が牧場に連れて行ったら，6頭が迷子になってしまった。君は何頭の牛を家に連れて帰ったか」という問題に変えてみた。その答えは，「僕の家では牛は飼っていないけれど，もし飼っていても6頭いなくなったら僕はもう家に帰れないよ」というものであった。さらに質問を変えても同様な答えが返ってきたという（滝沢，1984）。

　一方，我が国の小学生を対象に「4×8＝32」という乗法の問題をつくらせた調査がある（佐伯，1989）。かけ算九九は小学2年生の学習内容であるが，適切な問題をつくることができたのは3年生で44%，6年生でも48%であった。不適切な問題とは，「スズメが4羽いる電線に8羽とまっていました。電線には何羽とまっていますか（3年生）」，「リンゴが4つあって，8つのナシをかけたらいくつでしょう（5年生)」といったものであった。この調査では，児童のつくった不適切な問題も解かせてみた。ところが解けないという者は僅かであり，多くは2つの数字をかけ合わせて答えを出してしまった。

　2つの調査結果を対照すると，前者の子ども達が日常の文脈と関連づけて算数をとらえているのに対して，後者は日常の文脈と切り離されたものとして算数をとらえていることが分かる。状況主義では，後者のような教育のあり方が問題になる。

（5）状況主義と総合的な学習の時間

　学校で状況文脈，とりわけ日常の文脈と切り離された学習が行われていることについて，次のようなことが問題になる。まず，日常の文脈と乖離した知識は実感を伴わないため，結果として詰め込み型のものにならざるを得ず，応用も利きにくい。また，日常の学習では何らかの目的があって，その内容を学習しようとするのに対して，学校での学びは学習者の側にそのような目的がないことが多く，学習に対する動機づけを欠く。それは「三角比は何のために学ぶの」といった学習者の声に表れる。さらには，実際の体験を捨象し，言語を媒介にした学習であるため，実感を伴った学習になりにくい。

　こうした問題に応えうるのが「総合的な学習の時間」である。小学校の総合的な学習の時間では，①自ら課題を見つけること，②体験による学習，などが重視される。自らの課題であれば，その解決に向けた学習は学ぶ必然性があるため動機づけが伴うことが期待できるし，体験を通じた学習ならば，その体験に付随する状況の中での学習になり，また体験によって実感を伴った学習になることが期待できる。

　先に状況主義では，学習は個人が所属するコミュニティの中での他の人との相互作用によって行われると述べた。つまり，学習を個人の頭の中の閉じた活動とは考えず，互いが知的資源として互恵的な関係の中で成立すると考える。そうした考え方に合致するのが協同学習である。現在，協同学習は学校教育でも浸透し，その効果を報告する教育心理学研

究も多い。

　行動主義，認知主義，状況主義の学習の考え方について述べてきたが，それぞれの特徴をまとめたものが**表 2 - 1**である。

表 2 - 1　学習に関する 3 つの考え方（伊藤，2011を改変）

	行動主義	認知主義	状況主義
学習	刺激と反応の結びつきがつくられること	知識の獲得や知識間の構造化などがなされること	所属しているコミュニティへの関与度・役割が高まること
学習内容の応用	過去の学習との間の共通要素の量が大きく関与し，異なる刺激に対して同一の反応をすること	獲得した知識をさまざまな問題解決に適用できること	異なるコミュニティでもその一員として，役割をもち参画できること
動機づけ	外発的動機づけを重視	内発的動機づけを重視	コミュニティでの人間関係や実践の意義の認識を重視
教師	知識・技術をもち，それを伝達する者	学習者の頭の中で何が起こっているのかを推定し，学習を援助する者	学習内容を実践の場に活用できるようにするための援助者・実践的活動の場や学び合いの場の設定をする者

2. 授業の形態と方法

（1）授業形態としての協同学習

　この節では，実際の授業がどのように行われているのか，授業の形態と方法の 2 つの観点からみていく。なお，授業形態と方法は明確に区別できない面ももつが，ここでは前者がツールとしての側面がより強いのに対して，後者は授業構成に関わるものとして区分する。

　授業形態で，小学校や中学校を中心に多く取り入れられているのが協同学習である。協同学習とは，一般に小集団を活用し，学習者が一緒に課題に取り組むことによって互いの学習を最大限高めようとする授業形態である。ただし，小集団で学習をすれば，それが直ちに協同学習だとはいえない。協同学習が成立するための要件として，①集団のメンバーが互恵的な協力関係にあることの自覚，②グループの目標に向けての個人の責任の自覚，③活発な相互交流，④対人的スキルや集団運営スキルの発揮，⑤活動の結果の評価と改善の5つが挙げられる（Johnson, Johnson, & Holubec, 2002）。実際の教室では，これらの要件を満たす協同学習ばかりではないと思われるが，要件が満たされれば学力や学習への動機づけの向上がもたらされるといわれている。

　また，協同学習は小集団で議論をして問題解決を目指すタイプのものだけがあるのではなく，学習者が教師役と生徒役を交代して教え合う相互教授法（第7章も参照）やジグソー学習といわれるタイプのものもある。ジグソー学習は，個々のメンバーがそれぞれエキスパート・グループとジグソー・グループの2つに参加する。各エキスパート・グループでは，グループによって異なる資料が用意されており，それを学ぶ。そして，各エキスパート・グループに用意された資料の内容を合わせるとジグソー・グループに課された課題の解決ができるようになっており，各メンバーはエキスパート・グループで学んだ内容をジグソー・グループに持ち寄ってそれぞれのメンバーの得た知識を統合することで問題解決に至る（図2-1）。

（2）授業を援助するICT

　平成29年（2017年）告示の学習指導要領では，情報活用能力が言語能力とともに学習の基盤となる資質・能力と位置づけられた。そして，小

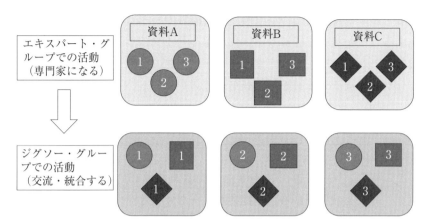

図2-1　ジグソー学習のグループ構成のイメージ

数字の入った円，正方形，菱形は学習者を示す。各エキスパート・グループは資料を学習し，分かりやすい説明について検討する。そして，ジグソー・グループに持ち寄って，相互に教授する。

学校ではコンピュータの基本的な操作を習得するための学習活動や，コンピュータに意図した処理を行わせるために必要な論理的思考力の育成のための学習活動を実施することが明記されている。この背景には，現代社会がコンピュータを始めとする情報通信技術（ICT: Information and Communication Technology）によって支えられ，個人のレベルでも日常生活上の身近な問題の解決に情報機器が必要欠くべからざるツールになっていることがあろう。

　授業においての ICT 活用のメリットは，学ぶ側と教える側の双方にある。学ぶ側にとっては，「総合的な学習の時間」で設定したテーマについて探究するときのように，学習を進める上での情報収集に大きなメリットがある。

　教える側からは，例えばテレビ会議システムや Web 会議システムを

利用することで，国内の学校間，また海外の学校との間で協同学習を実施することなども可能になる。我が国とドイツの小学校の間でテレビ会議システムを利用して協同学習を行った初期の研究によれば，発想の広がりや学習意欲の喚起などに効果が認められたという（太細・小泉・守屋，1998）。また，現実には観察したり操作したりできない事象をコンピュータ上でシミュレーションして学習者に提示できるといったメリットなどもある。

ところで，反転学習（flipped learning または flipped classroom）という，従来とは異なる形態の授業がバーグマンとサムズによって提案されている（例えば，Bergmann & Sams, 2013/2014）。バーグマンらも述べているように，反転学習には多様な形態があるためその定義は難しいが，従来の授業は教師が教材を提示し，学習者が学習するという形態が一般的であったのに対し，反転学習では授業に先立って学習者が教材を学習しておいて，授業に臨む。その一般的な授業の進め方は，事前に学習者に家で教師の説明などのビデオを見せておき，当該の内容を学習させておいた上で，本番の授業では学習者同士の討論や問題解決に取り組ませようというものである。そのときの教師は，討論や問題解決の支援や助言者の役割を担う。

反転学習の効果は，討論や協同での問題解決の過程で学習者同士のやりとりが活性化すること，事前に内容に接しているため，ビデオの学習で不明であった点などについて本番の授業で質問ができるといった個別のニーズに応えられるようになることなどにある。現在，反転学習は家でインターネットを通してビデオを視聴できる環境を用意しやすい大学教育を中心に，我が国でも行われている。

（3）授業の方法

　授業の方法として，プログラム学習と発見学習については既に述べた。
このうち，オーズベルは，「発見学習」を従来の，教師の教える内容を
学習者が学ぶという形式の「受容学習」に対置するものとしてとらえた
（Ausubel, 1963）。そして，「発見学習」と「受容学習」の次元，および
「機械的学習」と「有意味学習」の次元の組合せから，学習を「有意味
受容学習」「機械的受容学習」「有意味発見学習」「機械的発見学習」の
4 つの型に分類した（**図 2 - 2**）。

　機械的学習 – 有意味学習の次元の機械的学習（rote learning）とは，
学習者が学習内容の意味についての理解を欠いたまま丸暗記するような
学習を指す。それに対して，有意味学習（meaningful learning）は学習
者にとって学習内容の意味が理解されているような学習であり，学習者
の認知構造に関連づけられたり，取り込まれたりするような過程をたど

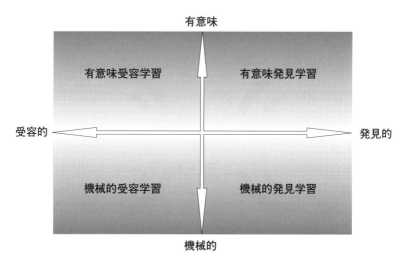

図 2 - 2　学習の 4 タイプ（Ausubel, 1963）

る学習である（第5章参照）。

　先に述べた反転学習は，学習者があらかじめ一定の知識をもった上で，それらの知識を土台にすることでより深い学習が成立することを狙ったものであるが，類似の考え方に基づき，「教えて考えさせる授業」が提案されている。その提案者である市川（2010）によれば，学習における習得の過程と探究の過程は区別して考えるべきであり，**図2-3**の左側の「予習－授業－復習」の習得サイクルで基本となる知識や技能を教師がしっかり教えて身につけさせた上で，右側の探究的な課題によって問題解決や討論を行うことが大切で，両方のサイクルが循環的に回ることによって理解がより深められるという。こうした提案には，特に小学校を中心に「教師主導」というレッテルの下に，教師が学習内容を教えること，すなわちオーズベルのいう受容型の学習が過度に忌避されている現状に対する問題提起としての意味がある。

　この他にも我が国の民間教育団体の開発した個々の学習内容に密着し

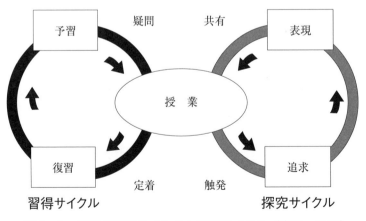

図2-3　学習の習得サイクルと探究サイクル（市川，2008）

た授業方法の提案として，理科を中心とした仮説実験授業や極地方式の授業などがある。仮説実験授業では，「（解答が分かれるような）問題→予想・仮説→討論→実験」の過程の積み上げを経て，学習者が法則を見出していく（例えば，板倉，1997）。また，極地方式の授業では，知識をルール化し，そのルールを日常のさまざまな場面で活用できるようになることを目指した工夫のある教授法が考えられている（高橋・細谷，1990）。いずれも理科などの学習内容に即した授業法が具体的なテキスト（仮説実験授業では授業書）という形で提案されており，実践に即した授業方法の提案になっている。

3.　教科学習の教育心理学研究に必要なこと

（1）教育心理学と教科教育学

　教科学習における教授・学習過程の研究は，教育心理学だけでなく教科教育学においても行われている。両者の研究内容に明確な違いがあるわけではないが，一般に教育心理学では学習内容についての理解や記憶といった認知や動機づけのメカニズムの解明に焦点が当てられているのに対して，教科教育学は個別の学習内容の習得や動機づけの喚起を促進するための方略の解明に関心が向けられる傾向がある。

　教育心理学で，ある学習内容を対象とした理解や動機づけなどのメカニズムが解明されれば，その知見が他の学習内容についても利用できるかもしれない。その一方で，ある学習内容についての理解や動機づけなどは，その学習内容に固有のものであるということも考えられる。こうしたことから，仮にある学習内容についての認知や動機づけのメカニズムが教育心理学で明らかになった場合でも，その知見がどの範囲の学習内容について該当するのかについて，丁寧に考察していくことが必要になる。

　学習者の特性についても同様なことがいえる。研究で得られた知見は
その研究の対象となった学習者たちについてのものであり，別の学習者
たちについて該当するかどうかは必ずしも保証されない。そこで，研究
の対象になった学習者たちの特性を明らかにして，どういう特性をもっ
た学習者に当てはまりそうなのかについての考察も必要になる。そうし
たことをすることで，研究で得られた知見が授業実践にとって有用性の
高いものとなる。

（2）学習内容を巡って

　教育心理学の教授・学習過程研究と教科教育学の研究との違いは，教
科教育学がその学習内容を取り上げる意味といった面にも関心を寄せる
のに対して，実証性を重んじる教育心理学では，実証的なデータに基づ
いた議論がしにくい学習内容の意味といったことは俎上に載りにくい
という点にもある。しかし，例えば学校教育で教科学習が行われる目的
が，そこで得た知識や技能，態度の日常生活での活用であることに鑑
み，その学習内容がどの場面で，どのように活用できるのかといったこ
とを認知のメカニズムの面から探り，その学習内容の意味づけをしてい
くことも可能である。従来，そうした研究はほとんどなく，教育心理学
の課題といえる。

　また，ある学習内容について学習者の理解を促進するような教授法を
開発しようとする研究では，その学習内容自体についての理解が研究を
進める上で必須である。例えば，小学校3年生の理科の「植物の成長と
体のつくり」の単元では，（種子）植物が根・茎・葉からできているこ
とを学ぶ。このとき，児童から「先生，ダイコンには茎がないと思うん
だけど」と問われたらどう答えるだろうか。このような疑問に対して子
ども達が納得できるような教授内容が含まれないと，分かりやすい授業

にはならない。

　同様に，小学校 5 年生の社会科では，水産業について，我が国の近海は海流同士がぶつかり合う潮境や大陸棚といった自然環境によって，よい漁場になっていることが取り上げられる。では，児童から「なぜ，潮境だと魚が捕れるんですか」と聞かれたらどう答えたらいいのだろう。

　このように学習者にとって分かりやすい授業を開発しようとすれば，学習内容についても深く理解しなくてはならない。そのためには，研究者自身も当該の単元の学習内容についてよく知っておくことが必要であるし，場合によっては当該分野の専門家の協力を仰ぐようなことも必要になる。

学習課題

1　あなた自身がこれまでの学校教育の中で受けてきた行動主義，認知主義，状況主義の考え方に近いと思う学習活動を具体的に 1 つずつ挙げてみよう。
2　あなたの小学校や中学校時代の協同学習を思い出し，それが本章で取り上げた協同学習の成立要件を備えていたか考察してみよう。
3　本章では小学校の学習内容でも授業をつくろうとするときにはその学習内容についても深く理解しておく必要があると述べた。そうした例の 1 つになり得るのが，「分数同士の割り算の答えを出すのに，なぜ割る数をひっくり返してかければよいのか」という問題である。この問題について考えてみよう。

引用文献

Ausubel, D. P.（1963）. *The psychology of meaningful verbal learning: An introduction to school learning.* New York: Grune & Stratton.

Bergmann, J. & Sams, A.（2013/2014）. The flipped classroom *CSE, 17*（3）, 24-27.

Bruner, J. S.（1961）. *The process of education.* Cambridge: Harvard University Press.

市川伸一（2010）. 認知心理学は教育実践にどう関わるか　日本認知心理学会（編）現代の認知心理学5　発達と学習（pp.310-332）. 北大路書房

一柳智紀（2018）. 活動の中の学び：イントロダクション　R. K. ソーヤー（編）学習科学ハンドブック（第2版）第1巻　基礎／方法論（pp. 109-110）. 北大路書房

板倉聖宣（1997）. 仮説実験授業のABC―楽しい授業への招待―（第4版）仮説社

伊藤通子（2011）. 行動主義，認知主義，状況主義の学習理論に基づく新しい実技教育の可能性　工学教育, *59*, 62-68.

Johnson, D. W., Johnson, R. T., & Holubec, E. J.（2002）. *Circles of learning: Cooperation in classroom*（5th *Ed.*）. Edina：Interaction Book Company.（ジョンソン, D. W., ジョンソン, R. T., & ホルベック, E. J. 石田裕久・梅原巳代子（訳）（2010）. 学習の輪―学び合いの協同教育入門―　二瓶社）

太細　孝・小泉寿男・守屋誠司（1998）. 日独間遠隔協同授業実験における授業方式と支援システム方式の評価考察　情報処理学会シンポジウム論文集, *98*（14）, 221-226.

佐伯　胖（1989）. 子どもの納得世界を探る　佐伯　胖・大村彰道・藤岡信勝・汐見稔幸（著）すぐれた授業とはなにか―授業の認知科学―（pp.49-109）. 東京大学出版会

Skinner, B. F.（1938）. *The behavior of organisms: An experimental analysis.* New York: Appleton-Century-Crofts.

Skinner, B. F.（1958）. Teaching machines. *Science,* 128, 969-977.

高橋金三郎・細谷純（編）（1990）. 極地方式入門―現代の教育科学―　国土社

滝沢武久（1984）. 子どもの思考力　岩波書店

参考文献

三宅芳雄・三宅なほみ（2014）．教育心理学概論（'14）放送大学教育振興会

佐伯　胖・大村彰道・藤岡信勝・汐見稔幸（1989）．すぐれた授業とはなにか―授業の認知科学―　東京大学出版会

3 教科の授業の構造と学習者の実態

進藤聡彦

《**目標＆ポイント**》　いうまでもなく学校では目標とする知識や技能，態度が子ども達に獲得されることを目指して，授業が行われる。効果的な授業プランを作成するには，子ども達の認識を的確に把握しておくことが必要不可欠である。本章では，子ども達の認知の特徴を明らかにし，その特徴に即した授業のあり方について心理学の視点から考えていく。
《**キーワード**》　学習内容の構造，ピアジェの発達理論，認知の領域固有性，ルール評価アプローチ，誤概念

1. 授業づくりの視点

（1）学習内容の構造

　各教科で取り上げられる内容は学年ごとに学習指導要領で定められている。例えば，平成29年（2017年）告示の小学校学習指導要領の5年生算数では，三角形・平行四辺形・ひし形・台形といった多角形の面積の求め方が取り上げられる。しかし，5年生の学習内容が理解できるためには，4年生で学習する正方形や長方形の面積に関する知識を習得しておく必要がある。また，2年生で学習する直線，辺，頂点の定義や乗法（かけ算九九），そして cm，m など長さの単位が理解されていることも必要である（**図3-1**のA領域の左側）。

　この例のように，ある単元の学習内容が理解できるためには，それ以前の学年の学習内容が理解されていなくてはならない。教科の授業で取

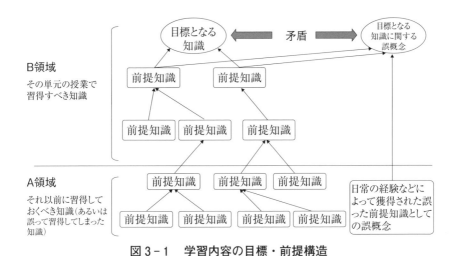

図3−1　学習内容の目標・前提構造

り上げられる学習内容は階層的構造をもつのである。

　上記の例では，平行四辺形などの多角形の求積公式の理解と応用が単元の最終的な目標であるが，目標到達のためにはこの単元内で取り上げられる求積公式を導出するための等積変形の仕方に関する知識などの前提知識の習得も必要になる（**図3−1**のB領域の左側）。

　ところで，子ども達の中には，以前に習得しておくべき前提知識が不十分な者もいる。例えば，面積の算出に必要な乗法の習得が不十分ならば，到達のために以前の学年の内容に戻って，そこから始めないと面積は求められない。そうした場合には，以前の学年の学習内容であっても，不十分な前提知識の習得を目的とする内容を盛り込んだ授業案を作成しなくてはならない。

　なお，学習指導要領で謳っている目標はここで取り上げた知識に関するものばかりではない。「数量や図形に親しみ，算数で学んだことのよさや楽しさを感じながら学ぶ態度を養う」といった態度に関連した目標

が，算数だけでなく他の教科でも数多く設定されている。知識や技能とくらべると，態度の面は目標と前提が必ずしも明確ではないため，それらの階層的構造やそれぞれの達成状況の把握が難しい。その場合には，具体的にどのような行動がみられたら目標に到達したのか，また前提となる態度はどのようなもので，それはどのような行動として表れるのかといった教師なりの可視化できる行動指標を設けておくことが有効であろう（第8章参照）。

（2）子どもの認知に応じた課題の分類

　実際の授業では，具体的な課題（教材）を通して学習内容が教えられる。例えば，「8-5」のような1位数同士の減法は小学校1年生の内容であるが，これを教えようとするとき，文章題を次の3種に分類することがある。

---

①テーブルの上にイチゴが8つありました。そのうちの5つを食べました。残りは何個ですか。

②イチゴ狩りに行きました。8つ採ろうと思います。今，5つ採りました。あといくつ採ればいいでしょう。

③イチゴが8つ，ナシが5つあります。どちらがいくつ多いでしょう。

　これらは，すべて「8-5」で答えが算出できるという点では同じである。ところが1年生の児童にとってその難しさには違いがあり，③の問題がもっとも難しい。①は求残型，②は求補型，そして③は求差型の問題と呼ばれる。集合の考え方で3つの型の特徴をとらえると，①の求残型は全体から部分を取り去った残りの数を求める問題であり，②の求補型は全体の数のうちの部分の数が既知で，全体の数に足りない部分

の数を求める問題である。しかし，これら2つの型は全体集合の要素数と部分集合の要素数の差を求めるという点で共通している。これに対して，③の求差型は2つの全体集合間の要素数の差を求める問題である。

　求差型の難しさの原因は，他の2つに比べて取り去ったり加えたりといった実際の操作をイメージしにくいこと，それと関連して「イチゴからナシは引けない」といった認識を喚起しやすいことにあると考えられる。また，「イス取りゲームをしようと思います。子どもが8人いて，イスは5つです。どちらがいくつ多いでしょう」という問題には正答できない子どもでも，「イス取りゲームをしようと思います。8人いてイスは5つあります。イスに座れない子どもは何人ですか」といった一対一対応づけの必然性がある問題には正しく答えられることがある。このことから，求差型の難しさの原因の1つは，一対一の対応づけができないことにあると考えられる。

　この例のように，数学の観点からは同型の問題であっても，解決に必要な認知過程は異なることがある。1位数同士の減法では，3つの型すべての問題解決が可能になることが最終的な目標である。授業を構想するときには，ここに例示したような認知過程の違いに対応した課題の分類を行い，すべての型の問題解決を保証するような手立てを考えていく必要がある。

2．子どもの実態を把握する視点

（1）レディネスの枠組みとしての認知発達理論

　ある学習内容の習得を可能にする子どもの準備状態のことをレディネス（readiness）という。かつて教科の学習では，その学習内容を習得するために必要な能力が備わる年齢段階があるという，成熟を重視した考え方があった。こうした考え方に基づいて，教科教育のレディネスの

基準としてしばしば参照されてきたのがピアジェの認知発達理論であった。ピアジェは外からの情報が発達段階ごとに質的に異なる様式で処理されると考えた（Piaget, 1952）。

　ピアジェが挙げる発達段階とは，感覚運動期・前操作期・具体的操作期・形式操作期の４つである。

　最初の感覚運動期（０歳〜２歳）は直接，物に触ったり，口の中に入れたりするなど，感覚や動作を通して外部の対象を把握する段階である。また，この時期の前半では目の前の対象をハンカチで覆うと，それが消えてなくなったかのように対象を探そうとしない。つまり，目に見えなくなっても，対象物が存在するということが理解できないのである。しかし，後半になると「目の前にない物でも存在する」という，物の永続性を理解できるようになる。これは目に見えなくても頭の中で，それを

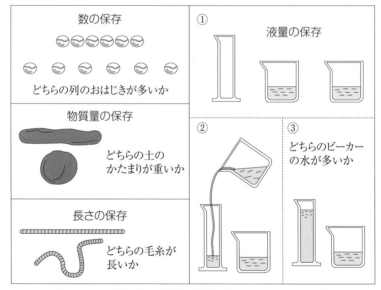

図３-２　ピアジェの保存課題（Brown, *et al.*, 1970）

思い描く表象能力が備わったことを示す。

　次の前操作期（2歳～7，8歳）では，感覚運動期にはなかった，あるものを別のもので表すことのできる象徴機能が現れる。例えば，ままごと遊びで，器に入れた砂をご飯に見立てるといったことができるようになる。これは代替物を実際の物の象徴として表象できるようになるからである。その一方で，**図3-2**に示すような保存課題に正しく答えることはできない。液量の保存では，元々同じ（同一律），元に戻せば同じ（可逆性），高さが減った分，底面積が増えたから同じ（相補性）のような論理的思考ができず，見た目で直観的な判断を下してしまう。このことから，この時期の思考を直感的思考と呼ぶことがある。また，**図3-3**のような地形モデルを使った課題では，それぞれA～Dの位置から写した写真を用意しておき，幼児をAの位置に立たせる。そして，Aの位置に立たせたまま，他のB～Dの位置から見たらこの地形がどのように見えるかを問う。この「三山課題」と呼ばれる課題では，その時の自分の知覚に束縛され，正しい写真を選ぶことができない。つまり，他

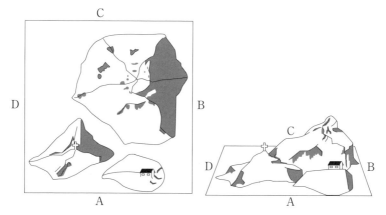

図3-3　ピアジェの三山課題（伊藤・江口，1965）

者の視点を取ることができないのである。こうした性質を自己中心性といい，これも前操作期の特徴である。

　具体的操作期（7，8歳～11，12歳）になると言語のような象徴を操作でき，論理的に考えられるようになる。ただし，この段階では具体的で現実的な事物については論理的な思考が可能であるが，抽象的な事態にまで論理操作が及ばない。例えば，「ネズミがネコより大きくて，ネコがゾウより大きかったら，ネズミとゾウではどちらが大きいか」といった推移律の問題では，現実の制約を受けて「ゾウ」と答えてしまう。

　形式操作期（11，12歳～）では，現実を離れて論理的に推理，判断可能になる。すなわち，上記の推移律に関する問題に正しく答えられるようになったり，仮説を立てて，「～ならば，～になるはずだ」といった思考が可能になったりする。

　なお，ピアジェは外からの情報を自分のもつ思考の枠組みに合わせて取り入れることを「同化」といい，外からの情報をうまく取り込めないときに，枠組み自体を変化させることを「調節」といった。そして，この2つの働きによって，外部の情報と自身の枠組みとのバランスをとることを均衡化といった。

　ピアジェ自身は認知の発達の規定因として成熟の要因のみを考えていたのではなく，環境との相互作用の結果として発達がもたらされると考えていた。しかし，各発達段階の年齢を示したことから，我が国の教育界では成熟が発達を決め，レディネスをとらえる枠組みとしてピアジェの発達段階が用いられることが少なからずあった。

（2）ピアジェ理論の影響と批判

　ピアジェの設定した各発達段階の出現年齢にしたがえば，具体的操作期に入ったばかりの小学校1年生にとって，数字という抽象度の高い記

号を操作することは難しいということになる。そこで，算数の授業では具体物と抽象的な数を媒介するものとして，おはじきのような半具体物を使用する。また，関数や方程式の変数や未知数のような内容は，具体性が希薄であるため，形式操作期の中学校で取り上げる。こうしたカリキュラム構成は，ピアジェ理論からみれば，理に適ったものになっているといえる。また，小学校1年生〜2年生までだけに設けられている生活科は，この学年の年齢がピアジェの理論で同じ発達段階にあることが背景にあるという（中澤，2017）。このように，かつてピアジェの理論は現実の我が国の教育にも影響を与えてきた。

　ピアジェの認知発達理論は，その後いくつかの点で批判されることとなった。その1つは，ある個人において同一の思考様式が多様な問題解決に統一的に適用されることはないということである。例えば，先の「三山課題」で正しく答えられない幼児でも，隠れんぼで自分がAの位置にいて，B〜Dの位置にいる鬼に見つからない場所に隠れるにはどこに隠れたらよいかを問う問題には，適切に答えられるというのである。この例が示すように，同一の子どもであっても，年齢にかかわりなく，問題によって使われる知識が異なり，抽象的に考えることもあれば，具体的にしか考えられないこともある。このような同一個人内で同一の思考様式や知識が広範な問題に適用されるのではなく，問題領域に応じて適用されることを「認知の領域固有性」と呼ぶ。

　ところで，前述のようにピアジェの発達理論は，認知の発達について各思考様式を年齢と対応させた点に特徴の1つが見出せる。一方，年齢のような内的要因ではなく，外的要因である教育の役割を前面に押し出した考え方もある。ブルーナーは学習内容が年齢の制約を受けると考えるレディネス観をとらず，その年齢に適した教授法をとればどのような内容でも教えうると考える（Bruner, 1961）。また，ヴィゴツキーは，

子どもが独力で解決できるその時点の水準と，大人の教育的援助によって解決しうる上位の水準があり，2つの水準の間の領域を発達の最近接領域とよんだ（Vygotsky, 1934）。両者の考え方は，レディネスが固定的なものではなく，教育によって可塑的だと考える点で共通しており，発達や学習に及ぼす教育の役割をより重視している。

（3）ルール学習への着目

　認知の領域固有性によって問題領域ごとに思考様式が異なるのであれば，授業前の子ども達のレディネスを把握するにはどうしたらよいのであろうか。学校で取り上げられる知識の多くは，一般性をもった公式や法則などのルールである。そして，そのルールが広く問題解決に適用できることが目指される。ゆえに，授業で取り上げられるルールごとにレディネスをとらえ，授業を構想することが有効であろう。そうした観点からエバンスらは，教材の教示，発問を分類，記号化することで，多様な内容の教授活動を同一の枠組みで記述することが可能になるルレッグ・システム（ruleg system）を提案した（Evans, *et al.*, 1962）。また，細谷（1983）はルレッグ・システムを構成する諸概念に，学習者の認識としての誤ったルールを加え，$\overline{\text{ru}}$（誤ったルールの意味で，ル・バーと読む）と表した。それらの概念の一部を以下にまとめる。

① ru（ル）……公式，法則などの一般性のある定義・公式・法則などのルール（例：金属は電気を通しやすい）

② eg（エグ）……ru に代入することのできる事例（例：上記 ru では，銅は電気を通しやすい）

③ $\overline{\text{ru}}$（ル・バー）……誤ったルール（例：非金属は電気を通さない）

④ $\overline{\text{eg}}$（エグ・バー）……$\overline{\text{ru}}$ の事例（例：上記 $\overline{\text{ru}}$ ではゴム手袋は電気をまったく通さない）

⑤ $\widetilde{ru}$（ル・ティルディ）……ru についての発問に相当する未完結のルール（例：金属は電気を通しやすいだろうか）

⑥ $\widetilde{eg}$（エグ・ティルディ）……eg についての発問に相当する未完成の eg（例：水銀は電気を通しやすいだろうか）

　ルレッグ・システムを使って，帰納的方法で目標となるルールを教えようとすれば，$eg_1 \rightarrow eg_2 \rightarrow eg_3 \rightarrow ru$ などと記述できる。また，学習者が事前に $\overline{ru}$ をもっている場合には，まず自らの $\overline{ru}$ を意識させ，その後に $\overline{ru}$ にとっての反証例となる ru の事例を呈示する教授活動をとる方法があるが，それは $\overline{ru} \rightarrow eg_1 \rightarrow eg_2 \rightarrow eg_3 \rightarrow ru$ などと記述できる。個々のルールを超えて，教授・学習事態を同一方式で記述できる点や外的要因である教材と内的要因である学習者の認識を同一方式で記述できる点に，ルレッグ・システムの長所がある。

3.　学習者のもつ誤概念

（1）学習者の誤概念

　先に授業を構想するに当たって，学習内容は階層的構造をもつため，目標の前提となる知識を子ども達に保証する必要があると述べた。ただし，正しい知識を系統的に教えていけば，目標に到達できる訳ではない。子ども達は学習内容について白紙の状態ではなく，日常の経験から自分なりに知識を獲得している。そうした知識の中には誤ったものも含まれる。例として，ストーブに近づいたり離れたりした経験から得た「夏に暑いのは地球と太陽の距離が近くなり，冬に寒いのは地球と太陽が離れるからだ」といった知識が挙げられる。

　この例のように，学習者が日常の直接的，間接的経験から獲得した知

識は，その経験の範囲の狭さのゆえに，誤っている場合がある。それが先に述べた $\overline{ru}$ であり，また誤概念，素朴概念などと呼ばれているものである（以下，本書では多くの研究で用いられている誤概念の用語を用いる）。

　ある単元の学習に先立ち，既に目標となる知識に関連した誤概念をもってしまっている場合がある。中学校の理科では，「物体に力が加えられることなく運動をしていれば，等速直線運動を続ける」という慣性の法則が取り上げられる。しかし，当該法則の学習の前に，真上に放り上げられ，上昇している途中のコインに働く力を矢印で記入させると，重力を表す下向きの力に加えて，誤って上向きの力を記入する（正解は下向きの力だけ）。そのような中学生は「物体が運動していれば，その物体には運動方向に力が加わっている」という誤概念をもっていると考えられる。このような誤概念は，慣性の法則を学習した後でも残存してしまうことがある。

　また，小学校の理科では塩の溶解が取り上げられるが，授業を受けた後でも，塩は水に溶けるとなくなると考える者がいる。これは「目に見えないモノは存在しない」という誤概念である。子どもがこのような誤概念をもつ場合，教師が塩の溶けた水溶液をなめさせて，塩の存在を知らせようとしても，子どもは「味だけが残り，塩本体はなくなった」と説明する。また，水溶液を加熱して塩を取り出しても，「塩は水に溶けると味に変わるが，水がなくなったから塩がまた出てきた」という論理で説明しようとする（所澤，1991）。これは，「目に見えないモノは存在しない」という誤概念に固執するために，授業を受けても誤概念が残存してしまう例である（図 3-1 の右側を参照）。

　なお，この他にも「電気回路で電池の両極から流れた電流が衝突して豆電球が光る」「太陽は地球の周りを回っている」といった理科に関す

る誤概念が報告されている。また，「長方形の縦と横の長さを 2 倍すると，面積も 2 倍になる」のような算数の誤概念や「商品の小売値は仕入れ値と同じ（または，仕入れ値より安い）」といった社会科に関連する誤概念も見出されている。

（2）誤概念の特徴

　誤概念にはいくつかの特徴がある。第 1 に自らの日常経験などによって形成されるため，誤概念に対する確証度が高いことが挙げられる。それは，現在の科学または学校教育で取り上げられている科学とは一致しないという点では誤りであるが，日常生活では一定の適用可能な範囲をもつためである。

　先の慣性の法則に関する誤概念は，「自転車で走り続けるためにはペダルをこいで力を加え続けなくてはならない」といったように，空気抵抗を含む摩擦のある日常生活では妥当性がある。こうしたことを理由として，誤概念に対する確証度は高くなる。そして，確証度が高いため，授業で正しい概念を教えるだけでは，容易に修正されない。修正のためには，誤概念が誤りであることを納得させるための手立てを取らなければならない。

　第 2 の特徴として，システムをなす知識となっていることが挙げられる。例えば，「重い物ほど速く落ちる」という誤概念は，一群の事例に適用されるし，「だから，同じ石でも落ち続けると加速して重くなる」という他の誤概念を生み出す。そして，「でも，落下し終わると止まっているので，元の重さに戻る」という（本人の中では）矛盾しない知識システムが形成される（細谷，2001）。

　第 3 に，誤概念は授業で言語によって明示的に教えられるのではないために，それを本人自身が明確に言語化できないだけでなく，保持自体

も自覚できないことがある。それゆえ，授業で科学的概念が教授されて
も，それが誤概念と矛盾することに気づかない。結果として，互いに矛
盾するはずの科学的概念と誤概念が，同一個人内に並存することがある。
そして，並存する互いに矛盾するはずの知識のうち，確証度が高いとい
う特徴や日常で使用頻度が高いという特徴から，誤概念が問題解決にあ
たって優先的に活性化され，適用されてしまう。

　このように誤概念は，授業で教えられる科学的概念を妨害するものと
とらえることができる一方で，自ら知識をつくるという側面に着目する
と，人の認知の能動的性質を示すものであり，望ましい学習のあり方と
いう特徴ももつ。

（3）ルール評価アプローチ

　授業に入る前に，ある学習内容について誤概念をもつ場合でも，内容
は学習者によって異なり，一様ではない。それらを段階的にルールの形
でとらえようとしたのが，シーグラーのルール評価アプローチである
（Siegler, 1976）。ルール評価アプローチでは，子ども達は問題解決に際
して一貫したルールにしたがうことを前提として，低次の水準から高次
の水準のルールに移行する段階を設定している。

　シーグラーの用いた天秤課題では，支点からの距離や重りの数を変化
させ，左右のどちらに傾くかについて，以下の4つの水準を設定し，そ
れぞれのルール使用者の出現率を発達的変化の観点から予想した（**図3
-4**）。

ルールⅠ：支点からの距離は考慮せず，重りの数のみに着目して，左
　　　　　右の重りが同数ならば釣り合い，異なれば重りの数が多い
　　　　　方に傾く

ルールⅡ：両方の重りの数が等しいときにのみ，支点からの距離に着

問題タイプ	ルール			
	I	II	III	IV
バランス（B） 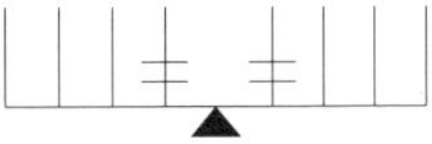	100	100	100	100
重さ（W） 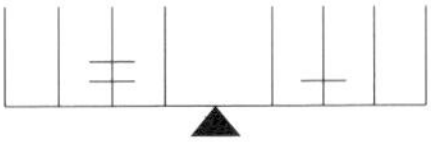	100	100	100	100
距離（D） 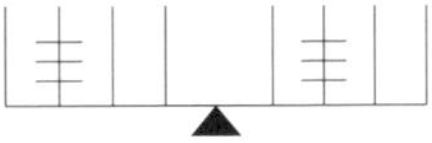	0 （釣り合う という）	100	100	100
重さ―葛藤（CW） 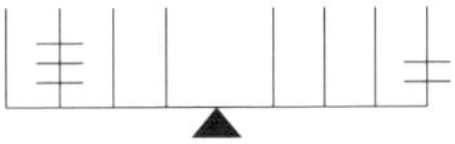	100	100	33 （チャンス・ レベル）	100
距離―葛藤（CD） 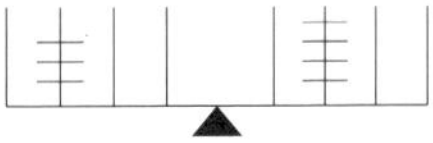	0 （右へ傾く という）	0 （右へ傾く という）	33 （チャンス・ レベル）	100
バランス―葛藤（CB） 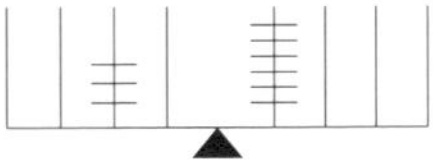	0 （右へ傾く という）	0 （右へ傾く という）	33 （チャンス・ レベル）	100

図3-4　各ルールを使用する子どもに予想される正答率（丸野，1982の一部）

　　　目し，距離の長い方に傾く

ルールⅢ：重りの数と支点からの距離の2つの次元に着目し，一方の
　　　　　次元が等しいときには他の次元の値が大きい方に傾く。た
　　　　　だし，重りの数が少なく，距離が長いといった葛藤状態に

　　　　　ある場合には混乱する

　ルールⅣ（適切なルール）：重りの数と支点からの距離が葛藤状態に
　　　　　あるときには，重りの数と支点からの距離の積を比較して，
　　　　　その値が大きい方に傾く

　実際に5，9，13，16歳児に天秤課題を課して調べたところ，5歳児
の多くが**ルールⅠ**，また9歳児は**ルールⅠ**か**ルールⅡ**の水準であった。
13歳児と16歳児は**ルールⅢ**がほとんどで，正解の**ルールⅣ**の水準は僅か
であった。この結果は，シーグラーが事前に設定した段階の推移が妥当
であることを確認すると同時に，子ども達は不十分ながらも一貫したル
ールを用いて問題解決を行っていること，またその問題解決で用いられ
るルールが多様であることを示している。

　ルール評価アプローチの長所は，子ども達の事前の状態を明確に把握
するのに役立ち，学習者が**ルールⅠ**から**ルールⅢ**のどの段階にあるのか
によって，その後の教授活動をどの段階から始めればよいのかについて，
有効な情報を与えてくれる点にある。

（4）教科学習における個人差

　ある単元の授業に臨む前の，子ども達のもつ前提知識の状態はさまざ
まである。前の学年の内容の習得が不十分なため，復習から始めなくて
はならない子どももいれば，その必要のない子どももいる。誤概念をも
つ子どもには，修正も必要になる。このように，クラスのすべての子ど
も達が目標に到達するようになるためには，そうした個人差にも配慮し
た授業を行わなくてはならない。

　また，個人差については適性処遇交互作用（aptitude treatment
interaction: ATI）の存在にも留意しなくてはならない。これは，子ど
も達にとって効果的な教授法（処遇）は，その子どもの適性によって異

なるというクロンバックの考え方である（Cronbach, 1957）。ここでいう適性とは，個人によって異なる性格や学習に対する動機づけの強さなどの特徴であり，特性といえるようなものである。交互作用とは，複数の要因が組み合わさることで互いに影響を及ぼしあって生じる効果のことである。

　適性処遇交互作用の例として広く知られているのが，大学の物理学の授業で，映像による教授法と教師による授業法の効果を比較したスノウらの研究である。この研究では，いくつかの適性が取り上げられたが，**図 3−5** に示すように対人的積極性が高い者は教師による教授法の方が授業後の成績（図の縦軸）が高くなり，逆に対人的積極性が低い者は映像による教授法の方が，成績が高くなった（Snow, *et al.*, 1965）。対人的積極性が高い学生は，人とのやりとりがある状況に動機づけられるのに対して，低い学生はそうした状況に回避的になるため，人とのやりとりがない，映像による教授法の方が有効であったのだろう。

　適性の個人差として，事前にどのような知識をもつかによっても，効果的な教授法は異なる。例えば，**図 3−6** の重さの保存に関して，「粘土

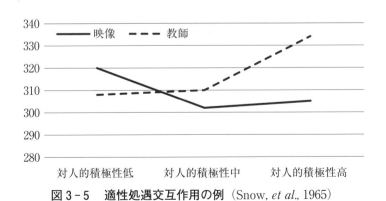

図 3−5　適性処遇交互作用の例（Snow, *et al.*, 1965）

変形課題

①　②　③　④　　　①　②　③　④

分割課題

教授法A　　　　　　　　　　　教授法B

図 3-6　重さの保存の 2 つの教授法（伏見，1999）

を変形すると重さが変わる」という誤概念をもつ幼児に，粘土を球形か
ら棒状に徐々に変形したり，徐々に分割したりして，その都度重さが同
じであることを教える教授法Aと，最初から球を大きく変形したり，細
かく分割して繰り返し呈示し，重さが同じであることを確認させる教授
法Bで，事後の修正の程度を調べた実験がある（伏見，1999）。

　その結果，事前に「重さは変わる」と強く信じている者には，教授法
Aのように，粘土を徐々に変形，分割して，自らの考えとの抵触を感じ
にくくした方が誤概念の修正に有効であった。しかし，「重さは変わる」
という誤概念に対する確証度がそれほど強くなかった者には，誤りに対
する拘りが強くないため，教授法Bのように一気に変形，分割した教授
法Bが有効であったという。この例が示唆するように，教師にとっては，
個々の学習者が事前にどういった知識をもっているのかを的確に把握
し，それに応じた効果的な教授方法を考えていくことが，ATI を考慮
した「個に応じた指導」ということができる。

学習課題

1　小学校の学習指導要領（平成29年告示）にはどのようなことが書かれているのかについて確認してみよう。
2　あなたが子どもの頃にもっていた誤概念を2つ挙げ，それぞれどのような経験に基づき獲得されたのかについて考察してみよう。
3　あなたの周囲にいる幼児に**図3-2**の保存課題を課し，ピアジェがいうような直感的思考が観察できるか確かめてみよう。

引用文献

Brown, C., Campos, J. J., et al. (Eds.) (1971). *Psychology today: An introduction* (*3ʳᵈ Ed.*). New York: Random House, Inc.（ブラウン，C.，キャンポス，J. J. 他　南　博（監訳）(1976). 図説現代の心理学2　人間性の発達　講談社）

Bruner, J. S. (1961). *The process of education.* Cambridge: Harvard University Press.（ブルーナー，J. S. 鈴木祥蔵・佐藤三郎（訳）(1963). 教育の過程　岩波書店）

Cronbach, I. J. (1957). The two disciplines of scientific psychology. *American Psychologist, 12,* 671-684.

Evans, J. L., Homme, L. E., & Glaser, R. (1962). The ruleg system for the construction of programmed verbal learning sequences. *The Journal of Educational Research, 55,* 513-518.

伏見陽児 (1999). 心理実験で語る授業づくりのヒント　北大路書房

細谷　純 (1983). プログラミングのための諸条件　東　洋　他（企画）講座現代の心理学3　学習と環境（pp.299-388）. 小学館

細谷　純 (2001). 教科学習の心理学　東北大学出版会

伊藤恭子・江口恵子 (1965). 直感的思考から具体的操作へ　波多野完治（編）ピアジェの発達心理学（pp.70-98）. 国土社

丸野俊一 (1982). ルール評価アプローチ　波多野完治（監）ピアジェ派心理学の

発展Ⅱ　認知発達研究（pp.111-139）．国土社

中澤　潤（2017）．ピアジェ理論を考える　藤澤伸介（編）探求！教育心理学の世界（pp.142-145）．新曜社

Piaget, J. (1952). *La Psychologie de l'ntelligence.* Paris: Librairie Armand Colin.（ピアジェ, J. 波多野完治・滝沢武久（訳）(1960)．知能の心理学　みすず書房）

所澤　潤（2001）．「わかること」と「学ぶこと」滝沢武久・東　洋（編）応用心理学講座9　教授・学習の行動科学（pp.58-83）福村出版

Siegler, R. S. (1976) Three aspects of cognitive development. *Cognitive Psychology, 8,* 481-520.

Snow, R. E., Tiffin, J., & Seibert, W. F. (1965). Individual differences and instructional film effects. *Journal of Educational Psychology, 56,* 315-326.

Vygotsky, L. S. (1934). *Thought and Language.*（ヴィゴツキー, L.. 柴田義松（訳）思考と言語　明治図書）（原典は Выготский, Л. С. (1934). *Мышление и речь*）

参考文献

Siegler, R. S. (1986). *Children's thinking.* Englewood Cliffs: Prentice-Hall Inc.（シーグラー, R. S. 無藤　隆・日笠摩子（訳）(1992)．子どもの思考　誠信書房）

麻柄啓一（編）(2006)．学習者の誤った知識をどう修正するか　東北大学出版会

4 | 記憶に残る知識をつくるには

進藤聡彦

《**目標＆ポイント**》 定期試験の勉強をしているときに，学習内容がなかなか憶えられなかったり，いったん憶えてもすぐに忘れてしまったりする経験をもつ人は多いだろう。では，人の記憶は憶えにくくて，忘れてしまいやすいものなのだろうか。一概にそうとばかりはいえない。失恋の記憶などは憶えようと思わなくても記憶され，しばらくは忘れようと思っても忘れられない。この章ではこうした記憶の性質に触れながら，教科の学習内容を憶えやすく，忘れにくいものにする方法について考えていく。
《**キーワード**》 記憶のモデル，記憶方略，記憶の発達，教科学習と記憶

1. 心理学における記憶の考え方

（1）記憶のモデル

　教科の学習内容を憶えやすく，長期に渡って保持できるようにするにはどうしたらいいのだろうか。この問題を考えていく前に，心理学では記憶をどう考えているのかについて概観していく。心理学では，一般に情報を憶えることを「符号化」とか「記銘」，情報を保存することを「保持」または「貯蔵」，思い出すことを「検索」とか「想起」とよんでいる。そして，記憶のメカニズムについて，いくつかのモデルが提案されている。

　初期のモデルとして有名なのが，アトキンソンとシフリンによる情報の入力から出力の過程に関する2貯蔵モデルである（Atkinson &

Shiffrin, 1968)。日々の生活で私たちの感覚器官から入る情報の量は膨大であり，それらがいったんは感覚登録器に入る。しかし，それらの情報の保持時間は数秒以内であるため，ほとんどは消失してしまう。そうした感覚記憶のうち，注意が払われたものだけが，短期貯蔵庫に送られる。短期貯蔵庫に入った短期記憶の保持時間も短く数十秒以内である。また，容量も小さく，7±2チャンクといわれている。チャンクというのは，意味のまとまりのことで，例えば**表4-1**のリストAのように個々の漢字を単独で憶えれば12チャンク，それらの漢字の組合せでできるリストBの苗字として憶えれば6チャンク，リストCでは4チャンクである。同じ12個の漢字であってもチャンク数が違うために憶えやすさに違いが出る（短期記憶の保持時間や容量については異なる見解を報告する研究もあるが，保持時間や容量に限界があるとしている点は共通している）。

表4-1　記憶実験用の漢字リスト（進藤，2004）

リストA	長・大・矢・小・谷・河・田・宮・川・内・部・山
リストB	長山・小谷・大矢・宮部・河田・内川
リストC	長谷川・大河内・小宮山・矢田部

　2貯蔵モデルでは，短期貯蔵庫の情報のうち何度も維持リハーサル（繰り返し）を受けたものが長期貯蔵庫に送られ，長期記憶として長期間に渡って保持されるとしている。また，その容量にも限界はないと考えられている。

　その後，短期記憶については情報を短期間保持する機能とともに，情報処理能力にも着目し，作動記憶（ワーキング・メモリー）という考え方が登場した。作動記憶は，個々の部品を組み立てている作業台にたとえられるもので，例えば暗算で「38×6」という計算を筆算のようにす

る場合，まず38の8に6をかけ，48という答えを出す。それを憶えておき，次に38の30に6をかけて180という答えを出す。そして，先の48に30×6の結果である180を加えて228という答えを出す。この一連の過程に必要な問題の記憶，かけ算九九の検索，計算の実行と計算結果の記憶などを作動記憶が担うと考える。

このように作動記憶では，情報をオウム返しのように単純に繰り返す維持リハーサルや，新しい情報を付加する精緻化リハーサル，外からの情報をそのままではなく，別の形に変換する符号化，長期貯蔵庫からの知識の検索，どのような憶え方をしようかという方略の決定などが行われている（太田，2008）。以上の関係を**図4-1**に示す。

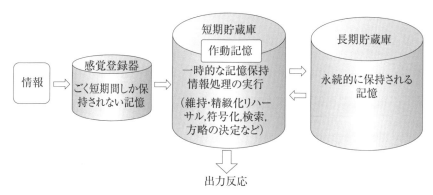

図4-1　2貯蔵モデル（Atkinson & Shiffrin（1971）を一部改変）

（2）処理水準モデルと精緻化説

初期の2貯蔵モデルでは，短期記憶から長期に保持される長期記憶への移行には維持リハーサルが必要だと考えていたが，その回数と記憶の保持は関連しないという，2貯蔵モデルに合致しない実験結果が示されるようになった。そこで，次に現れたのが処理水準モデルである。

処理水準モデルは，情報をどの水準で処理したかによって記憶の保持

が決まるという，クレイクとロックハートによるモデルである（Craik & Lockhart, 1972）。処理水準には，例えば「psychology（心理学）」という単語を憶える際に，「10文字の単語だな」とか「pから始まる単語だ」といった形態レベルの形態的処理，「発音がサイコロに似ている」といった音韻レベルの音韻的処理，そして「logyという接尾辞が付くから学問の一種だ」「そういえば心理的な問題を扱った『サイコ』というタイトルの古い映画があった」というような意味的処理がある。そして，処理水準が深い順に意味的処理，音韻的処理，形態的処理となり，処理水準が深いほど記憶されやすいというのが処理水準モデルの考え方である。しかし，処理水準モデルについても「処理の深さ」を決定する客観的な指標がないこと，同じ処理水準でも記憶成績が異なる現象があることなどが問題になった。

　そこで，処理水準モデルを補う精緻化の考え方が登場した。これはある情報を憶えようとするときに関連する別の情報を付加することであり，いわば処理水準モデルが処理の深さだけに焦点をあてるのに対して，同水準の処理の広がりにも着目する（豊田, 1987）。上記の「psychology（心理学）」という英単語の記憶では，接尾辞に関する情報の付加だけでなく，『サイコ』という映画タイトルの情報も加えて憶えればより記憶されやすくなるといった考え方である。

　ここで取り上げた記憶についての考え方はどれが適切かといったものではなく，記憶を説明するのにいくつかの考え方があり，それぞれが記憶のある部分のメカニズムをうまく説明できる一方，複雑な記憶という認知機能をすべて説明するには限界もあるととらえておくのが妥当であろう。

2. 記憶研究と教科の学習

（1）教科の学習における記憶方略

　心理学における記憶の知見は教科の学習を考える上で，どのように役立つのだろうか。例えば，作動記憶には容量や処理能力に限界があるという性質から，井上（2017）は，教師が一度に多くの学習内容を子ども達に教えても，一時的な保持ができないことを指摘している。また，板書の内容をノートに書き写しながら教師の説明を聞いても，説明内容の理解は期待できないとしている。このことからすれば，一度に教える内容は精選されるべきであるし，複数の作業を同時に課すようなことは避けなければならないということになる。

　また，処理水準モデルや精緻化の考え方からは，教師が新しい情報を付加して子ども達が学習内容を意味的処理できるようにすること，すなわち学習内容の意味を理解できるような深さと広がりをもつ情報を与えることが有効だということになる。

　精緻化を含む記銘時の具体的な記憶方略としては，次のようなものが挙げられる（太田，2008）。

　まず，有意味化である。これは意味性の低い学習内容に意味づけすることで，鎌倉幕府の成立の1185年を「いい箱作ろう鎌倉幕府」と憶えたり，$\sqrt{5} \fallingdotseq 2.2360679$を「富士山麓オーム鳴く」と憶えたりするのが，その例にあたる。

　次に，体制化は，関連する情報をまとめて，整理して憶える方略である。例えば，大学生に「ブドウ・ネコ・トラック・メロン・ウマ・自動車・スイカ・キリン・自転車」のような 9 項目を順序に関わりなく憶えてもらい，一定時間後に思い出して紙に書き出してもらう課題を与えると，書き出された紙には，「ブドウ，メロン，スイカ，ウマ，ネコ，キ

リン，自動車，トラック，自転車」のように，果物・動物・乗り物のカ
テゴリーに分けて書かれる。こうした現象は記銘時にカテゴリーに分類
して憶えていることを示唆する。

　そして，精緻化は先に述べたように，情報を付加して憶えることで，
「psychology（心理学）」という英単語を憶えるのに，古い映画のタイ
トルや接尾辞に関する知識と結びつけて憶えるようなことである。

　さらに感情化は，学習内容に感情を伴わせることである。このことは，
感情が伴う出来事はよく憶えていることからも納得できるであろう。一
般に，感情化を自らが意図的に行うことは難しいが，国語の物語文で登
場人物に感情移入しながら読解すると内容をよく憶えるといったこと
が，教科学習における感情化の方法に該当する。

　なお，これらの記憶方略は内容的に互いに背反的なものではなく，有
意味化で数字に語呂合わせの情報が付加されたとか，体制化でカテゴリ
ー情報が付加されたという面に着目すれば精緻化ということもできる。
また，体制化では「ブドウ・ネコ・トラック・メロン……」のようにた
んなる単語の羅列であったものが，カテゴリーに分類することで，それ
ぞれの項目がカテゴリーの構成要素として位置づくために一定の意味を
もつようになったと考えれば，体制化と有意味化も内容的に重複してい
る。

（2）　2種類の知識

　いうまでもなく，学校教育では授業で教えられる内容が子ども達に長
期記憶として保持されることが目指される。このときの教えられる内容
は，事象や概念などに関するものばかりではない。認知的技能や運動的
技能に関する知識もある（本章では，長期記憶として保持されている情
報を知識と呼ぶ）。心理学では事象や概念に関する知識を宣言的知識（宣

言的記憶），認知的技能や運動的技能に関する知識を手続き的知識（手続き的記憶）とよんで区分することがある。宣言的知識は，「金属は電気を通す」「円の面積は πr^2 である」といったように「〜は，〜である」といった命題形式で言語化できる知識である。これに対して，手続き的知識はパソコンの操作法，逆上がりの仕方や自転車の乗り方，泳ぎ方のように言語化することが困難な知識である。泳ぐことのできる人は泳ぎ方について言葉ではうまく説明できなくても，プールに飛び込めば手続き的知識によって自然に体が動いて泳げる。

　いわゆる実技教科の体育や音楽などでは運動的技能に関わる手続き的知識が学習内容として多く取り上げられるが，算数の筆算の仕方などは認知的技能に関わる手続き的知識である。一般に手続き的知識の獲得には熟練が必要であり，実践を通して初めて獲得が可能になる。逆上がりができるようになるために，本でその仕方を読めばすぐにできるというものではないし，パソコンの操作もマニュアルだけで学ぶよりも，実際に操作する方がはるかに上達は早いだろう。

　上記のように記憶の対象になる知識は宣言的知識と手続き的知識に分けられるが，さらにタルヴィングは宣言的知識をエピソード記憶（episodic memory）と意味記憶（semantic memory）に分類した（Tulving, 1972）。エピソード記憶は時や場所に関する情報を伴う出来事に関する記憶であり，意味記憶は言語，概念，概念間の関係などについての客観的知識の記憶である。例えば，「小学校 6 年生の時に修学旅行で日光の東照宮に行った」という記憶はエピソード記憶であるのに対して，「日光の東照宮は徳川家康を祀った神社である」というのは意味記憶である。「小学校 6 年生の時に修学旅行で日光東照宮に行ったのを知っている」という表現に違和感があるように，一般にエピソード記憶は「憶えている」という感覚の記憶であるのに対して，意味記憶は「知

っている」記憶である。なお，エピソード記憶と近似の概念に自伝的記憶がある。これは，個人の生育史上の出来事という特徴を強調した概念である。

3. 憶えやすい記憶と憶えにくい記憶

（1）知識の構造化 —社会科の例から—

　定期試験の勉強などをしているときに，学習した内容がなかなか憶えられなかったり，憶えてもすぐに忘れてしまったりすることから，それを防ぐには何度も繰り返して憶えることが必要だと考えている人は多い。しかし，次の例はそのような繰り返しは必ずしも必要ではないことを示している。

　西林（1994）は，大学生を対象に高校までの日本史で学習したはずの，①墾田永年私財法，②三世一身法，③荘園の成立，④班田収授法を年代の古い順に並べるという課題を使って調査を行った（正解は④②①③の順である）。班田収授法というのは，公地公民の方針の下で6歳以上の人に田んぼを一代に限り分け与える制度で，三世一身法は新たに開墾した土地を三世代に渡って私有を認める制度である。また，墾田永年私財法は，開墾した土地の永久私有を認める制度である。そして，荘園は開墾によって私有地を拡大した者が支配した土地である。

　この問題に正答できなかった人たちは，それぞれを関係づけることなく個別の年代を語呂合わせで憶えていたという。受験からしばらく経ってしまったために，語呂合わせ自体を忘れてしまい正しく答えられなかったのである。一方，正答できた人の多くは，公地公民といった古代土地制度の規制が徐々に緩和されていって最終的に荘園が成立したという流れの中で，それぞれの歴史事象を位置づける学習法をとっていたという。

　両者には，第 2 章で取り上げたオーズベルの機械的学習か有意味学習かの違いがある（Ausubel, 1963）。つまり，同じ学習内容でも記憶の仕方によって，学習内容の憶えやすさや保持の期間が異なるのである。

　ここでオーズベルのいう有意味化の意味を考えてみる。その要諦は個々の学習内容を関係づけることである。上記の例では班田収授法（701 年），三世一身法（723年），墾田永年私財法（743年），荘園の成立という個々の歴史事象が公地公民の制度が徐々に緩和されていったという知識に位置づけられた。いわば知識間の構造化がなされたのである。全体を俯瞰するような歴史の流れの中に個々の歴史事象が関係づけられ構造化されることで，それぞれの歴史事象が意味をもってくるために憶えやすくなり，長期の保持も可能になったと考えられる。

（2）　知識の構造化　―理科の例から―

　知識の構造化の別の例を理科の内容から挙げてみる。日本の上空 10,000メートルほどには偏西風と呼ばれる西寄りの風が吹いている。これは中学校理科の学習内容であるが，偏西風について高校生に「北緯30°以北の日本の上空10,000メートルほどにはある方向からの風が吹いている。それは東西南北のどちらからか」という問題を出したところ，自信をもって答えられたのは 3 分の 1 ほどであった。教科書では「日本列島は赤道と北極の中緯度帯に位置し，中緯度帯の上空には西から東に向かって偏西風が吹いている」旨の記述がある（岡村・藤嶋，2017）。多くの生徒は，中学生のときにこの文言をそのまま機械的に学習したために忘れてしまったのであろう。

　では，知識の構造化を図るために，偏西風を日常の現象に関する知識と結びつけたらどうなるであろうか。例えば，「日本とアメリカの航空機の所要時間は偏西風が追い風になる往路よりも向かい風の復路が長

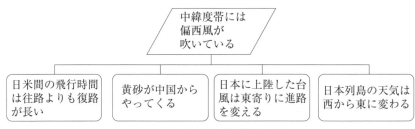

図4-2　知識の構造化の例

い」「（日本の西側に位置する）中国からの黄砂は偏西風によってもたらされる」「台風は偏西風によって東側に移動するために北海道には上陸することは少ない」などがそれに該当する。これらは偏西風の影響によって生じるもので，中緯度帯に偏西風が吹いていることの事例にあたる。偏西風をこれらの事例と関連づけることによって，知識の構造化を図ることが可能である（**図4-2**）。

　このように教えられれば，偏西風についての学習が実感を伴うものになるし，またいったん忘れても事例が手がかりとなって先のような問題にも正答を導き出すこともできる。知識の構造化を図ることで，学習内容を憶えるのに何度も繰り返す必要はなくなるし，長期の保持も可能になる。なお，知識の構造化は情報の付加という点で精緻化の1つの形態とみなすこともできる。

　従来，歴史の授業で年代の語呂合わせを教えたり，算数で**図4-3**のような図を用いて，道のり（距離）・速さ・時間の関係を表す公式を「みはじ」として憶えさせたり，割合の学習で「比べる量（比較量）・基にする量（基準量）・割合の関係」の公式を「くもわ」と憶えさせたりすることはあった。いわば記憶のテクニックを教えることはあった。しかし，それらは学習内容の意味の理解を伴わない点で，「歴史事象を全体の流れの中で憶える方法」や「偏西風を日常の現象と結びつける方法」

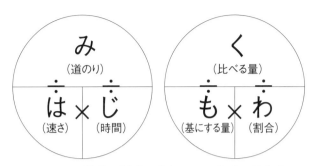

図4-3　算数の授業で教えられる公式の憶え方

のような意味の理解が深まる知識の構造化による記憶の促進法とは異なる。より望ましいのは，後者であることはいうまでもない。

(3) エピソード記憶と意味記憶

　大学生に一番古い記憶は何歳くらいのどのような記憶かを問うと，その答えは「幼稚園の頃にプールで溺れそうになった」とか，「小学校1年生の時に近所の公園のジャングルジムから落ちて怪我をした」，「小学校1年生の時にディズニーランドに連れて行ってもらった」といったように，幼児期から小学校低学年にかけてのエピソード記憶がほとんどである。これらのエピソード記憶は，憶えようと思って憶えたわけでもないし，いつまでも保持される。こうした特徴をもつエピソード記憶の典型が，フラッシュバルブ記憶（flashbulb memory）である。これは，あたかも閃光（フラッシュバルブ）で焼き付けられたように一度で記憶されて，長期に渡って保持され，鮮明に思い出すことができる重大な出来事についての記憶である。例えば，東日本大震災の激しい揺れを経験した人たちの多くは，あの揺れの感覚の記憶とともに，そのとき何をしていたのかについても明確に答えることができる。

　なぜフラッシュバルブ記憶を典型とするようなエピソード記憶は，憶えようと思わなくても記憶され，長期の保持が可能なのかについては，2つの見解がある。そのうちの1つは重大な出来事の記憶は強い感情を伴うからだというものである。これは先に述べた感情化による説明である。もう1つは，リハーサル説である。世の中で起こった重大な出来事（間接的なエピソード）はテレビなどで繰り返し放送されるため，それがリハーサルの機会になるし，個人的な重大な出来事（直接的なエピソード）では，折に触れて思い出すことがリハーサルの機会になるからだという見解である。ただし，両者は明確に分けられない性質をもつ。というのは，重大な出来事は感情を伴うし，思い出す機会も多いからである。また，少なくともリハーサル説だけでは説明できないことが明らかになっていることから，感情が関与している可能性は高い（Winograd & Killinger, 1983）。

（4）学習内容のエピソード記憶化

　大学生の一番古い記憶からも分かるように，エピソード記憶は個人の直接的，間接的な体験についての記憶であるため，多くの場合その体験には多かれ少なかれ何らかの感情が伴う。このこと（感情化）が古い記憶として長期保持につながっているのであろう。

　一方，教科の学習内容は意味記憶の対象であり，そこで取り上げられる知識に触れることは必ずしも感情を伴うものではない。こうした特徴も教科の学習内容が憶えにくくて，いったん憶えてもすぐに忘れてしまうことにつながる。

　では，教科の学習を感情が伴うようなものにできないだろうか。中学校の理科では地球の公転が取り上げられる。麻柄（1999）はこれについて「私たちは半年前，宇宙空間のどこにいたのだろう。空に向かって指

さしてみよう。その場所はここからどのくらい離れているのだろう」という発問を提案している。

　生徒たちが指さすべき方向は，太陽の方向であり，その距離は今いる場所から太陽までの距離の2倍である。このような発問によって，生徒たちは公転という現象を驚きの感動とともに学ぶ。こうして学んだ知識はたんなる意味記憶としてではなく，感情を伴ったエピソード記憶として長く保持される。教科の学習内容は，意味記憶の対象であるばかりではなく，教師の工夫次第でエピソード記憶にもなるのである。

4. 記憶に関する2つの標語

(1) 頭の中に日記をつくること ―エピソード記憶から―

　エピソード記憶の特徴の1つは感情を伴うことであった。人はある出来事を体験したときに，それが間接的であれ直接的であれ，体験の当事者として，その出来事に対する感情をもつ。その感情がとても強ければ，その出来事の記憶もフラッシュバルブ記憶のように忘れたくても忘れられない記憶になる。先の地球の公転の発問は，意味記憶をそうした特徴をもつエピソード記憶にする工夫であった。

　麻柄（1998）は，こうした知識の記憶のされ方を頭の中に客観的で正確な知識を詰め込んだ百科事典をつくるのではなく，頭の中に日記をつくることだと表現している。これまでは，頭の中に百科事典をつくろうとしてきたから，知識の記憶がうまくいかなかったという。

　先の地球の公転の学習で，自分たちが想像できないほどの距離を移動していることに気づかされることで，子ども達は驚きとともに「公転」という現象を記憶する。そしてそれは家に帰って家族に「ねえねえ，今日の理科の授業でさあ」と話し始めたくなるような知識である。これはまさに百科事典を頭の中に引き写すような知識ではなく，日記に書かれ

るような知識である。いわば，自分の世界とは関係のない借り物の知識ではなく，自分との関わりをもった知識である。このような，個人を介した学習が行われれば，学習内容は何度も繰り返すことを要さず記憶され，長期間保持される知識となる。

（2）教科書は厚い方がいい　―知識の構造化から―

　先に古代土地制度や偏西風を例に，知識の構造化が記憶を容易にし，また長期の保持を可能にすることについて述べた。このうち，偏西風では「中緯度地帯に西からの偏西風が吹いている」という一般的知識に，その事例となる日常の現象を位置づけるものであった。生徒たちにとっては今まで考えたこともなかった日常の現象が理科の偏西風とつながっていたことは意外であり，驚きの感情をもたらすと考えられる。こうした事例はいくつも考えられるが，簡単な例としては「北海道は寒い」という知識に関して，「北海道では5月に桜が咲く」とか「北海道では4月までコートが必要だ」といったものが挙げられる。この場合も寒冷地域以外の子ども達にとっては意外さをもたらす付加事例となる。また，その寒さが実感できるため，先に述べた自分との関わりをもつ「日記がつくられるような知識」にもなるかもしれない。

　ところで情報を付加することは，憶える量としては増えていることに留意したい。一般に憶える量が増えれば，それだけ憶えにくくなると考えられている。しかし，ある知識と関連する知識が結びつき，構造化されることで，量は増えるが，むしろ憶えやすく何度も繰り返して憶えなくてもすむ。教科書の記述だけでは理解できない場合でも，参考書の詳しい記述や授業での教師の説明によって理解できたために容易に憶えられたという経験をもつ人も多いだろう。西林（1994）は，このことを「教科書は厚い方がいい」という標語で表している。記憶のメカニズムに照

らし，知識の構造化の有効性について言い得て妙な表現である。

学習課題

1　あなたの周囲の10名ほどに一番古い記憶がいつ頃のどんな記憶かをインタヴューし，それらにどのような共通点があるか考察してみよう。
2　手続き的知識の例を本章で紹介したもの以外に5つ挙げてみよう。
3　学校で教えられた知識のうち，あなたが驚きとか感動のような感情を伴って憶えたと思うものをできるだけたくさん挙げてみよう。

引用文献

Atkinson, R. C., & Shiffrin, R. M.（1968）. *The psychology of learning and motivation: Advances in research and theory*（Vol. 2, pp. 89-195）. New York: Academic Press.

Atkinson, R. C., & Shiffrin, R. M.（1971）. The control of short-term memory. *Scientific American, 225*, 82-90.

Ausubel, D. P.（1963）. *The psychology of meaningful verbal learning*. New York: Grune & Stratton.

Craik, F. I. M. & Lockhart, R. S.（1972）. Levels of processing: A framework for memory research. *Journal of Verbal Learning and Verbal Behavior, 11*, 671-684.

井上　毅（2017）. 記憶のメカニズム　藤澤伸介（編）探求！　教育心理学の世界（pp.44-51）. 新曜社

太田信夫（2008）. 記憶の不思議　太田信夫（編著）記憶の心理学（pp.9-23）. 放送大学教育振興会

岡村定矩・藤嶋　昭　他（2017）. 新編　新しい科学2　東京書籍

進藤聡彦（2004）. 認知心理学から「学び」を捉える　尾見康博・進藤聡彦（編著）私たちを知る心理学の視点（pp.166-208）. 勁草書房

豊田弘司（1987）．記憶における精緻化（elaboration）研究の展望　心理学評論, *30*, 402-422.

Tulving, E. (1972). Episodic and semantic memory. In E. Tulving & W. Donaldson (Eds.), *Organization of memory.* (pp.381-402). New York: Academic Press.

麻柄啓一（1999）．「知識」は「情操」の敵なのか　授業を考える教育心理学者の会（著）いじめられた知識からのメッセージ（pp.78-89）．北大路書房

麻柄啓一（1998）．「学ぶ」とは頭の中に「日記」を作ることだ　学習評価研究, *34*, 40-47.

西林克彦（1994）．間違いだらけの学習論　新曜社

Winograd, E., & Killinger, W. A. (1983). Relating age at encoding in early childhood to adult recall: Development of flashbulb memories. *Journal of Experimental Psychology: General, 112,* 413-422.

参考文献

太田信夫（編著）（2008）．記憶の心理学　放送大学教育振興会

西林克彦（1994）．間違いだらけの学習論—なぜ勉強が身につかないか　新曜社

5 ｜ 学習内容の理解と応用

進藤聡彦

《**目標＆ポイント**》　この章では学習内容を理解するとはどういうことなのか，またどのような認知過程を経ているのか，理解を促進する方法とはどのようなものかについて考えていく。そして，学習した内容を広範な問題解決に応用しにくい認知の特徴を紹介し，応用が利くようにするためには何が必要なのかについて考えていく。
《**キーワード**》　スキーマ，アナロジー，先行オーガナイザー，問題解決，学習の転移

1. 理解することとは

（1）小学校の学習内容の理解の実態

　手元の国語辞典で「理解」という言葉を調べると「物事に接して，それが何であるかを（何を意味するのかを）正しく判断すること」とある（見坊ら，1981）。つまり，対象のもつ「意味」を適切に見極められることが理解というわけである。

　ところで，小学校教師を対象に**表5-1**の問題を用いて乗法の意味の理解を調べた研究がある（麻柄・進藤，2005）。問題1は作問課題であり，問題2は乗法の意味を問う課題である。問題1の正答例は，「1mが3.2kgのパイプがある。このパイプ4.6mの重さは何kgか」とか，「時速3.2kmの速さで4.6時間走ると何km進むか」などである。また，問題2では「畑1㎡あたりから2.7kgの小麦が収穫できるとする。3.6㎡の畑では何kg収

表5-1　乗法の理解を調べる問題（麻柄・進藤，2005）

問題1　小学校5年生では小数×小数が教えられています。小5の担任になったつもりで，「3.2×4.6＝　　」という式を使って答えを出す問題を作ってみて下さい。ただし，「長方形の面積を出す問題」「直方体の体積を出す問題」「3.2mの4.6倍はどれだけでしょうといった倍を使う問題」は除きます。 **問題2**　ある小学校の子どもから「2.7×3.6」について「この式の意味を考えたんだけど，2.7を3.6回足すってどういうことか分かりません」と質問されたらどう説明しますか。

穫できるかを考えるとき，2.7kgの3.6倍分にあたる重さを求めればいい」といった例を挙げながら，「基準にする量×割合＝割合にあたる量」という趣旨が述べられているものが正答として判定された。これらの問題では基準にする量を1とみること，割合にあたる量が連続量であるとみることが肝要であり，正答者はそれができていた。

　しかし，全体の正答率は問題1で70%，問題2では16%に過ぎなかった。不適切な解答と判定されたのは問題1では「ジュースが3.2ℓ入ったビンが4.6本ある。ジュースは全部で何ℓか」といったものであり，問題2では「2.7の3倍と2.7の0.6倍を合わせるということ」，「2.7を36回足して10で割る」などであった。

　かけ算九九を習う小学校2年生では，同じ数を何回も加える累加の考え方で教えられるが，乗数（かける数）が小数の場合は，累加の意味を拡張した「基準にする量×割合＝割合にあたる量」といった意味に転換しなくてはならない。そして，これが乗法の本来の意味である。しかし，上記の結果は，その転換を欠いたままの者が多いことを示している。また，先の国語辞典の定義にしたがえば，乗法の意味を適切に見極められていないということになり，小学校教師でも乗法を理解していないことになる。この例のように，大人でも不十分な理解に留まる小学校の学習

内容は多い。

（2）理解の内的過程

　図5-1に示す文章を読んでもらい，理解できたかを問うと，理解できたと答える者は少ない。この文章はブランスフォードとジョンソン（Bransford & Johnson, 1972）の研究で使われたものであるが，そのタイトルは「衣類の洗濯」である。タイトルを知り，あらためて読んでもらうと今度は理解できたという人が大幅に増える。

　最初は理解できなかったのに，2度目に読んだときには理解できるようになったのは，「洗濯」に関する既有知識を使えたからである。理解まで至った2度目の読解でどのような情報処理が行われているのかをモデル化すると，図5-2のようなものが考えられる。

　作業手順はとても簡単である。まず，それらをいくつかに分ける。もちろん全体量によっては，その必要はない。これだけであなたの準備は完了である。大切なことは一度に多くし過ぎないことで，少な過ぎる方がましである。このことを守らないと，面倒なことになりかねず，高くつくことになるかもしれない。

　最初はすべての作業が面倒に思うかもしれないが，近い将来この作業がなくなるとは考えにくい。

　この作業が終わったら，再びそれらをいくつかに分けて，整理して適切な場所に置く。それらは一度以上使われたら再利用され，また同じサイクルが繰り返される。面倒なことではあるがこれは生活の一部なのだ。

図5-1　主題のない文章（Bransford & Johnson, 1972）

図5-2　理解の過程に関する情報処理モデル

　まず，文章の情報が入りそれを「洗濯」についての既有知識にアクセスする。このときの既有知識はスキーマと呼ばれる出来事や行為，事物についての一般的で枠組み的性質をもつ知識で，先の文章ではいわば「洗濯スキーマ」と呼びうるものである。次に，そのスキーマに照合しながら，個々の文の意味を解釈する。例えば，「多くし過ぎると高くつく」というのは，多量の衣類を洗濯機に放り込むと洗濯機が故障して，修理代や買い替えが必要になるからだろうとか，「適切な場所」というのはタンスなどを指しているのだろうというように考えながら洗濯スキーマに沿って解釈する。そして，解釈の結果が関連の既有の諸知識に照らして整合的であれば，納得して理解するという過程が想定できる（関連の既有の諸知識と整合的でなければ，再解釈が行われる）。

　理解の過程をこのように見れば，先の文章を最初に読んだときには洗濯スキーマにアクセスできなかったために理解できなかったことになる。こうした過程を想定した場合，理解ができない原因はスキーマをもたない場合か，スキーマをもっていてもそれにアクセスできない場合，不適切なスキーマにアクセスしてしまった場合（先の乗法の作問や意味の説明課題で累加スキーマを使ってしまい適切に答えられなかった者はこれに該当）だと考えられる。洗濯機がなかった時代の人には先の文章を何度読んでもらっても理解できないのである。

　なお，スキーマと類似の概念に，スクリプト，物語文法などがある。スクリプトは日常的な行動系列に関する知識のことで，レストランスクリプトでは，例えば「Ａさんはレストランに入り，スパゲッティを食べて店を出た」という簡単な文を読んだときに，文には書かれていなくても料理を店員に注文したことや料金を支払ったことなどが分かる。図5－1の内容も洗濯に関する一連の行動とみれば，そこで使われている既有知識はスクリプトということもできる。また，物語文法は文章の典型

的な展開構造に関する枠組み的知識である。それは「起承転結」と類似した「設定」「テーマ」「プロット」「解決」からなり，まず登場人物・場所・時（設定）が述べられ，次に物語の発端になる事件や主人公が達成しようとする目標など（テーマ）が述べられる。そして，テーマに関する個々のエピソード（プロット）が展開され，最後にテーマに関する結末（解決）が述べられる。物語文法をもつことで民話や物語が理解，記憶しやすくなる（Thorndyke，1977）。

2．理解を促進する方法

（1）アナロジーの利用

　図 5 - 2 のモデルによれば，学習者の理解を促進するためにはスキーマのような既有知識を使えるようにすればいいということになる。そうした方法としてアナロジーや先行オーガナイザーの利用が考えられている。

　アナロジーとは，構造的に似ている 2 つの事柄に関する知識を結びつけることである。実際の授業では，教えようとする新たな学習内容と，その学習内容と構造的類似性をもつ事柄に関する学習者の既有知識とを

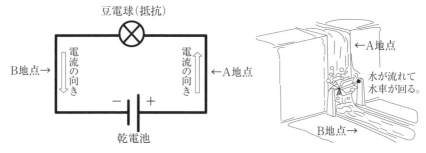

図 5 - 3　電流と水流モデル（右図は岡村ら，2017）

対応させることによって，新たな知識を理解させようとする。具体的なアナロジーを利用する方法として，教科書でも取り上げられている電気回路に関する水流モデルがある。**図 5-3** は中学校理科で取り上げられる，電流の大きさが豆電球を点けた前後（左側の回路図の A 地点と B 地点）で変わらないことを，右側の図の川の水量（電流の大きさ）と水車（抵抗となる豆電球）で表している。アナロジーを利用する方法によって教えることで，電流のような，目に見えずイメージしにくい学習内容が理解しやすくなる。

　このように学習した場合，その学習者には電流の流れは水流のようなものだというイメージがつくられる。そうした頭の中のイメージや，複雑なものや抽象概念を理解する際に具体物や身近で単純なものに置き換えて表現されたものをメンタルモデルという（杉村，2000）。

（2）先行オーガナイザーの利用

　先行オーガナイザー（advance organizer）とはオーズベルが提唱したもので，ある学習内容の教授に先立って教えられる，その学習内容を包摂するような一般的で抽象度の高い知識のことである（Ausubel，1963）。先行オーガナイザーが与えられた時点でそれが既有知識となり，後続の詳細な学習内容が先行オーガナイザーに体系的に結びつくために，知識が構造化され，理解の促進がもたらされるというのが先行オーガナイザーの考え方である。

　大学生を対象に行ったオーズベルの実験では，文章で金属の性質についての詳細な事項を説明する前に，それらの事項間の関連の概要を示す文章を読ませておいた。すると，そうした文章を読んでいなかった者よりも事後テストの成績が高かった。

　先行オーガナイザーは新しいスキーマをつくるという観点からも興味

深いものであり，この種のオーガナイザーのことを「説明オーガナイザー」という。これに対して，オーズベルは新しく学習する内容と類似の内容が既に学習されている場合には，それが先行オーガナイザーとして利用できるとしている。オーズベルの挙げる実験例では，アメリカの大学生にとって馴染みのない仏教の考え方を説明する文章を読む前に，仏教と彼（女）らに馴染みのあるキリスト教の考え方を比較する文章を読ませておくと，読ませなかった者よりも事後テストの成績が高かったという。こうした新しい学習内容に関連する既有知識を使い，両者の類似点や相違点を示すものを「比較オーガナイザー」という。

　アナロジーと先行オーガナイザーを取り上げたが，新たにつくられた包摂的な知識を既有知識として利用する説明オーガナイザーを含め，いずれも既有知識を利用して理解を促進しようとする方法である。これは図 5 − 2 のモデルの考え方とも合致する教授法である。

（3）納得に必要なこと　─学習者の考えを考慮すること─

　図 5 − 2 のモデルでは，情報を既有知識と照合して，当該の情報を解釈し，整合性の吟味が行われるという認知過程が考えられた。しかし，既有知識と整合しない場合は，納得できないために理解に至らないということになる。こうした現象の典型が，第 3 章で取り上げた誤概念をもつ場合である。第 3 章では，運動している物体には運動方向に力が加わっているという慣性の法則に関する誤概念が紹介された。いうまでもなく，誤概念も既有知識であり，誤概念をもつ者にとっては，それと不整合の情報には納得できない。こうした場合，どのようにすればいいのかについて提案する研究がある。

　麻柄（1990）は大学生に種子植物の「タンポポ・ヒヤシンス・チューリップ・ホウレンソウ・アサガオ・ジャガイモ」にタネができるかにつ

いて調査を行った（正解はすべてタネができる）。しかし，タネができると答えた者は，タンポポやアサガオではほぼ100％であったのに対し，ヒヤシンス，チューリップで20％，ジャガイモでは30％に留まった。ヒヤシンスやチューリップは球根で植えることが，またジャガイモは種芋で植えることが根拠になっているのであろう。彼（女）らの誤概念は「タネで植える植物だけがタネをつくる」とでもいえるようなものである。

　こうした誤概念をもつ者に対して，中学校の学習内容である「（すべての）種子植物は花を咲かせ種子をつくる」ことだけが教えられても，納得できないため理解に至らない。そこで，麻柄（1990）はチューリップを事例に「球根で植えると無性生殖だから親と同一の形質を伝えることができる。これに対してタネだと有性生殖になり，親とは異なる形質をもった子孫ができる。これでは色や形が揃っていることが求められる観賞用植物として不都合だからタネはできるが，球根で植える」という趣旨の説明を行った。

　この説明は，学習者がタネはできないと考える根拠にも一定の妥当性があることを認めた上で，その根拠としている「球根で植える」という既有知識を「種子植物は花を咲かせ種子をつくる」という知識に矛盾のない形で位置づけるものである。事後テストを行ったところ，当該の説明がなかった者に比べて，チューリップだけでなく，ヒヤシンスについてもタネができるとした者が増加した。こうした方法をとれば学習者の既有知識と整合し，学習者の納得が得られる。また，知識もより洗練されたものになる。

　なお，ジャガイモには十分な効果がみられなかった。チューリップやヒヤシンスとは，球根と種芋の違い，観賞用と食用の違いがあることが原因になっていると考えられる。ここでの議論からは，ジャガイモにもタネができることが学習者にとって納得できる知識になるためには，彼

（女）らのタネができないとする根拠にも理を認めた上で，種芋で植える必然性を教授することが必要だということになる。

（4）納得に必要なこと　―必要な知識の保証―

　日本の降雪量に関して，小学校の社会科では 5 年生で日本の国土の地理的環境の特色を理解することが目標として掲げられ，気候で特色のある地域として寒冷多雪の地域が取り上げられる。これを受けて教科書では新潟県の十日町市など北陸地方が事例的に取り上げられることがある。ところが，子ども達にとってこの地域がなぜ豪雪地帯なのかについては，納得のいかないものになっている。彼（女）らは，北海道ほど寒くないのに，北陸地方の降雪量が多いことに納得できないのである。

　北陸地方の降雪量が多い理由の 1 つは，日本海をはさんだ大陸との幅が広いためである。冬の季節風が日本海を通過するときに，この幅に応じた量の水蒸気を吸い込む。その幅が広い北陸地方には大量の水蒸気を含んだ季節風が吹き込むため降雪量も多くなる（日本地図を思い出してもらうと，大陸との間にある日本海の幅が北陸地方で広いことが分かるだろう）。

　西林・山崎（2007）は，授業で気温や山脈の存在，季節風が降雪量に関連していることは触れられているが，大陸との幅という要因についてはほとんど触れられていないこと，そしてこの知識は降雪量にとっては基礎・基本の知識であるのにそれが教えられていないことを問題視している。上記のように，大陸との幅という要因が欠落すると，子ども達は北陸地方の雪が多いことに納得できないし，納得できないと北陸地方は雪が多いという個別の知識を丸暗記せざるを得ない。西林・山崎（2007）の指摘は，基礎・基本の知識とは何かを考えさせてくれる。また，学習者が学習内容に納得するには，教える側が子ども達に納得してもらえる

に足る十分な知識を保証しなくてはならないことを再認識させるものであるし，さらにそのためには，教える側が教材についての知識をもたなくてはならないことを再認識させてくれるものでもある。

3. 知識の応用を促すには

（1）学習内容の応用についての2つの考え方

　学校で教えられた知識や技能を現在，そして将来の問題解決に応用できることは望ましいことである。では，学習した内容は無条件に広い範囲の問題解決に応用できるのであろうか。この問題については，古くから形式陶冶と実質陶冶という形で論争の対象になってきた。形式陶冶では，特定の内容の学習であっても，いろいろな知的活動の基盤になる記憶力や思考力のような能力が育成されるため，他領域の内容の学習を促進したり，問題解決を容易にしたりする基礎を育てることができ，その効果は広い範囲に及ぶと考える。実際，ドイツの中等教育学校のギムナジウムなど，ヨーロッパの一部では数学や現在では使われないラテン語などが形式陶冶の立場から教えられてきた。

　一方，実質陶冶は教科の特定の教授内容が学習されるのであり，内容を超えた効果は期待できないという考え方である。

　心理学では，陶冶の問題を学習の転移の問題として取り上げてきた。学習の転移とは，先行の学習が後続の学習に影響を及ぼすことで，それまで英語を学習していたので，大学入学後の新たなドイツ語の学習に役立ったといったことである。この場合，先行の学習が後続の学習を促進したことになるので正の転移といい，逆に先行の学習が後続の学習を妨害することを負の転移という。一般的に転移という場合には，正の転移を指す。

（2）学習の転移の難しさ

　転移に関連して「4枚カード問題」という課題を使った研究が行われ
ている。4枚カード問題とは「E」「K」「4」「7」のように片面にア
ルファベット，もう片面に数字が書かれた4枚のカードを示し，「各カ
ードの片面にはアルファベット，もう片面には数字が書かれている。一
方の面が母音ならばもう一方の面は偶数であるという規則が正しいか確
かめるために裏側をひっくり返す必要があるのはどれか」というもので
ある（正解は「E」と「7」）。この問題に正答できた者は大学生でも1
割ほどであった。

　ところが，この問題を「ビール」「コーラ」「22歳」「16歳」と書かれ
たカードに替えて，「各カードには4人の人物について片面にその人の
年齢，もう片面にはその人が飲んでいるものが書かれている。ある人の
飲んでいるものがビールならば，その人は20歳以上でなければならない
という規則が守られているか調べるためにひっくり返す必要があるカー
ドはどれか」という問題にしてみると，正答率は8割にも達した（正解
は「ビール」と「16歳」）（Griggs & Cox, 1982）。

　正答率の違いが生じる原因については，いろいろな説が出されている
が，少なくとも同一の構造をもつ問題でも，具体的な問題内容と独立し
てピアジェのいうような形式操作に関連する抽象的な知識が適用される
のではなく，第3章で述べた認知の領域固有性が存在することを示唆す
るものとなっている。現在では認知の領域固有性が広く認められ，形式
陶冶説のような転移は起こりにくいという見解が一般的になっている。

（3）知識の転移を促す方法

　授業では，算数・数学の公式や理科の法則などといった一般化された
知識（ルール）の獲得が目指される。一般化された知識が獲得されれば，

学習者はそれをさまざまな具体的な問題の解決に応用（転移）できると考えられているからであろう。しかし，認知の領域固有性からそうした応用は無条件に行われるわけではない。

　そこで，学習したルールがさまざまな問題解決に応用できるようにするためのいくつかの方法が考えられている。まず，当該のルールを教える際に，複数の多様性をもつ事例を伴わせる方法である。大学生を対象に「企業間の競争があれば，価格（料金）は低い」という経済学に関するルールを取り上げた実験がある（進藤，2000）。

　この実験では3群を設け，A群には同じ距離でも複数の航空会社が競合する路線は，単一の航空会社しか就航していない路線よりも料金が低いという事例を具体的な路線名を挙げて紹介した上で当該のルールが成り立つことを説明した。B群では飛行機の料金についてA群に紹介した事例に加え，別の2組の2つの路線間の料金の違いを事例に当該のルールを説明した。また，C群にはA群の事例に加えて，電話料金，ガソリンの価格が企業間の競合の有無で異なるという事例を紹介した。すなわち，第3章で取り上げたルレッグ・システムで記述すると，A群にはeg1→ru，B群にはeg1 + eg1′ + eg1″→ru と説明したことになる。また，C群には eg1 + eg2 + eg3→ru と説明したことになる（プライムの「′」「″」は同種間での異なる事例，数字は事例の種類の違いを表す）。

　事後テストでは，等距離の区間であるにもかかわらずJRの料金が異なる理由を聞いた。他の鉄道会社と競合する特定区間では料金が低く設定されているという趣旨の解答を正解としたところ，正答者の割合はC群，B群，A群の順に高かった。つまり，ルールを教える際に単一の事例を用いるよりも，同種でも複数の事例を用いる方が，さらに複数の多様な事例を用いる方が，事後テストで応用が利いたということになる。

（4）アナロジーによる転移

　ジックとホリオークのアナロジーによる転移の研究でも，進藤（2000）と同様な結果を得ている。ジックらは，「腫瘍を放射線で治療する際に強い放射線だと正常な組織も壊してしまうが，弱い放射線だと効果がない。どうすればよいか」という問題を大学生に出題した（弱い放射線をいろいろな方向から同時に当てる分割・集中という方法が正解）。しかし，正答率は著しく低く 1 割ほどであった。

　また，放射線問題の前に「ある国の将軍は敵国の中心部にある要塞を攻撃しようとしている。要塞は堅固で，大群で攻めないと攻略できない。要塞にはいくつかの経路が通じているが，大群で通ると敷設してある地雷が爆発する。そこで将軍は兵をいくつかに分割して複数の経路から同時に攻め入り，要塞を攻め落とした」という解決法としての分割・集中が書かれている文章を読んだ場合でも，正答率は 3 割ほどであった。しかし，要塞物語に加えて，分割・集中によって問題を解決したという別の物語も読んだ場合には，「放射線問題」の正答率は大幅に上昇した（Gick & Holyoak, 1980；Gick & Holyoak, 1983）。

　ジックら（1980，1983）の研究が，「分割・集中」というルールを事例から抽出し，それを別の事例に問題解決に適用しなくてはならない課題であるのに対して，進藤（2000）の研究は事例とともに与えられたルールを問題解決に適用するという違いがある。しかし，複数の多様性をもつ事例に導かれたルールは応用が利きやすい，すなわち知識の転移が生起しやすくなるという点では共通している。

　この他にも知識の転移に関して，物理学の類似の問題を見分けさせる課題を用いた研究（Chi, Feltovich, & Glaser, 1981）では，物理学の初学者が表面的な類似性に基づき分類したのに対し，熟達者は法則に沿った構造的類似性によって分類したという。この結果は，ルールについて

よく理解していることが，ルールの多様な問題解決への適用を促進することを示唆している。

　また，ルールを具体的な問題解決に実際に適用させてみる適用練習や，逆命題も成立するようなルールでは，元の命題の「pならばqである」とルールの記述の方向を替えた「qならばpである」を同時に教えることも，ルールの適用を促進する方法として有効性が確認されている（進藤・麻柄，1999）。

学習課題

1　先行の学習が後続の学習に影響を与える転移について，あなた自身の経験から正の転移と負の転移の例を1つずつ挙げてみよう。
2　2種類の「4枚カード問題」をあなたの周囲の10名に出題して，正答率に種類間の差があるか確かめてみよう。
3　本章では多様な事例を伴って教えられたルールは，応用が利くようになると述べた。中学校までで取り上げられるルールを1つ選び（教科は問わない），そのルールの多様性をもつ事例を3つ考えてみよう。

引用文献

Ausubel, D. P. (1963). *The psychology of meaningful verbal learning*. New York: Grune & Stratton.

Bransford, J. D., & Johnson, M. K. (1972). Contextual prerequisites for understanding: Some investigations of comprehension and recall. *Journal of Verbal Learning and Verbal Behavior, 11*, 717-726.

Chi, M. T. H., Feltovich, P. J., & Glaser, R. (1981). Categorization and representation of physics problems by experts and novices. *Cognitive Science, 5*, 121-152.

Gick, M. L. & Holyoak, K. J. (1980). Analogical problem solving. *Cognitive Psycology, 12*, 306-355.

Gick, M. L., & Holyoak, K. J. (1983). Schema induction and analogical transfer. *Cognitive Psychology, 15*, 1-38.

Griggs, R. A., & Cox, J. R. (1982). The elusive thematic‐materials effect in Wason's selection task. *British Journal of Psychology, 73*, 407-420.

見坊豪紀　他（編）(1981)．新明解国語辞典（第3版）　三省堂

麻柄啓一 (1990)．誤った知識の組み替えに関する一研究　教育心理学研究, *38*, 455-461.

麻柄啓一・進藤聡彦 (2005)．「小数のかけ算」に関する教師の不十分な意味理解と教員養成系学生への援助　教授学習心理学研究, *1*, 3-19.

西林克彦・山崎誠二 (2007)．応用問題に対応できる本当の基礎基本のつけ方　NEW 教育とコンピュータ, *23*, 10-19.

岡村定矩・藤嶋　昭（代表）(2017)．新編　新しい科学2　東京書籍

進藤聡彦 (2000)．素朴理論の修正ストラテジー　風間書房

進藤聡彦・麻柄啓一 (1999)．ルール適用の促進要因としてのルールの方向性と適用練習, 教育心理学研究, *47*, 462-470.

杉村智子 (2000)．メンタルモデル　森敏昭・秋田喜代美（編）教育評価重要用語300の基礎知識（pp.80)．明治図書

Thorndyke, P. W. (1977). Cognitive structures in comprehension and memory of narrative discourse. Cognitive Psychology, *9*, 77-110.

参考文献

麻柄啓一 (1995)．子どものつまずきと授業づくり―わかる算数をめざして―　岩波書店

西林克彦 (2005)．わかったつもり―読解力がつかない本当の原因―　光文社

6 | 学習を支えるものとしての動機づけ

進藤聡彦

《**目標＆ポイント**》 勉強に取り組んでほしいのに，スマホを手から離さない子どもを「やる気を出して勉強しなくちゃダメじゃないの」と叱っている保護者も多いだろう。また，授業中に居眠りを始める生徒に，どうして意欲的に授業に臨んでくれないのだろうと悩んでいる教師もいるかもしれない。では，子ども達の「やる気」とか「意欲」を高めるにはどうしたらいいのだろう。本章では，この問題について考えていく。

《**キーワード**》 自己決定理論，達成目標理論，学習性無力感，自己効力感

1. 動機と動機づけ

（1）学習意欲の現状と動機づけ

子ども達の学習意欲をどう高めるかという問題は，現在の学校教育の課題の1つになっている。小学6年生と中学3年生を対象に毎年行われている全国学力・学習状況調査では，国語や算数・数学の好き嫌いを問う設問で，否定的な回答が児童生徒のおよそ3割から4割に達した（国立教育政策研究所，2017）。また，各国の15歳児（高校1年生）を対象に実施されるOECDの学習到達度調査（PISA）の国際比較でも，我が国の子ども達の学習意欲は低いという結果になっている（国立教育政策研究所，2016）。

心理学において，「学習意欲」とか「やる気」は動機づけの問題として取り上げられている。動機づけ（motivation）とは，「ある方向に向

けて行動を起こし，その行動を続けようとする一連の心理的な過程または作用」などと定義される。例えば，希望の大学に合格できるように毎日何時間も机に向かったり，甲子園に出場できるように日々厳しい練習を続けようとしたりする高校生がいる。そうした行動の背後にある心理的過程を説明する概念が動機づけである。そして，行動を引き起こさせるものとして，動機（motive）や動因（drive）と呼ばれる内的要因が考えられている。これは日常で使う欲求と近似の概念であり，この動機（または動因）が人の行動を引き起こし，行動を持続させる原動力となる。そして，行動を一定方向に向けさせるものは，報酬などのその行動の目標である誘因（incentive）で，先の例では大学の合格や甲子園出場が誘因になる。

　動機には，飢えや渇き，危険の回避，休息など生命維持に関連した生理的動機，金銭や物品，社会的地位や名誉のように社会で優位な位置を得ようとする社会的動機，新奇な刺激やおもしろい（興味深い）情報などを求めようとする好奇動機（または好奇心）がある。また，自分にとって意味があると思う課題を成し遂げようとする達成動機や，他の人との交友関係を形成・維持しようとする親和動機があると考えられている。

　ところで，動機づけは大きく外発的動機づけと内発的動機づけに分類されることがある。外発的動機づけは，親に「テストで高得点だったら，お小遣いを上げてあげる」といわれて学習に取り組むといったように，その行動が別の目的の手段になっているような場合である。一方，内発的動機づけは，数学の学習が楽しくて熱心に取り組むといったように，その行動自体が目的になっている場合である。

　したがって，外発的動機づけと結びつきやすい動機は，生理的動機や社会的動機である。生理的動機では，子どもが「いい成績をとれば，好

物をごちそうしてもらえるから勉強する」というように，生理的動機が充たされることが目的になって，その行動自体は手段になるからである。また社会的動機では，将来よい会社に入るために一生懸命に勉強に取り組むというように，社会的動機を充たすよい会社に入ることが目的で，勉強はそのための手段になっているからである。

　一方，好奇動機や達成動機は内発的動機づけと関連が深い。好奇動機は新奇な刺激やおもしろい情報を求めようとする動機であった。勉強をしていて，内容がおもしろいと感じられれば，より多くのことを知ろうとしたり，内容を理解したりしようとして自ら勉強をする。この場合，勉強をすることで好奇動機が満たされるため，勉強という行為自体が目的となっていることから内発的に動機づけられている状態だといえる。このように，好奇動機と内発的動機づけは深い関連をもつと考えられる。また，達成動機は自分にとって意味のある課題を成し遂げようとする動機であった。長時間机に向かって勉強をしていると飽きてしまうこともある。しかし，自分にとって学習内容の理解が意味のあることだと思えれば，理解できるまで頑張ろうとする。この場合も，勉強するという行動自体が目的となっており，達成動機も内発的動機づけと関連が深いといえる。

（2）内発的動機づけと外発的動機づけの長所と短所

　同じことをしていても，内発的に動機づけられている場合と，外発的に動機づけられている場合では行動に違いが出る。デシ（Deci, 1971）は，実験群と統制群の2群の大学生に，彼（女）らにとって興味のあるソマというパズル解き課題を与えた。実験は第1セッションから第3セッションで構成され，第1セッションでは両群共通にパズルを解いた。第2セッションでは，実験群にはパズルが解けたら金銭の報酬を与える

と予告し，実際に報酬が与えられた。統制群にはそのような予告はせず，実際に報酬も与えられなかった。さらに，第3セッションでは，両群ともに報酬を予告することも実際に与えることもなく，第1セッションと同様に共通にパズルを解いた。

　各セッションにおいてパズル解き課題の終了後には，自由時間を設定し，ソマを含めた大学生の興味を引く雑誌や玩具が用意され，自由に過ごすことができた。この自由時間にソマに取り組んだ時間を両群で比較したところ，実験群では第1セッションから第3セッションにかけて短くなったのに対し，統制群では低下はみられなかった。この結果から，本来興味を引き，内発的に動機づけられるはずの課題であっても，金銭のような報酬が与えられ，外発的に動機づけられると，報酬を得ることに目が向けられ，課題に対するおもしろさを感じにくくなってしまうことが分かる。同様な結果は，お絵かき遊びでよい絵が描けたら報酬を与えると予告された幼児は，そのような予告がなかった幼児よりもお絵かき遊び自体のおもしろさを感じにくくなるとしたレッパーらの研究でも確認されている（Lepper, Greene, & Nisbett, 1973)。このように，報酬を与えることで，内発的動機づけが低下してしまうことを，アンダーマイニング効果（undermining effect）という。

　この他にも，外発的動機づけの場合は，金品のような報酬がなくなれば，目的自体がなくなってしまうため，学習をやめてしまうのに対して，内発的に動機づけられている場合には，本人にとって学習自体が目的になっているため，報酬など外部からの働きかけの有無にかかわらず，学習が継続される長所がある。

2. 学習意欲と好奇動機・達成動機の関係

(1) 内発的動機づけの源泉としての好奇動機

　上記のように，一般的に外発的に動機づけられているよりも内発的に動機づけられている方が，望ましい。いうまでもなく，学習内容が興味の対象になると，新しい知識を学ぼうとしたり，その内容を深く理解しようとしたりするなど，学習すること自体が目的になる。そして，それは好奇動機によるものである。したがって，好奇動機は学習における内発的動機づけの源泉といえる。

　好奇動機を考える上で，示唆に富むのが感覚遮断実験である。これは，図6-1に示すように，目には半透明のゴーグルをかけさせ，刺激の少ない綿の衣類を着せるなどといった方法で，感覚器官に入る刺激をできるだけ遮断し，狭い部屋で過ごさせたときの心身の変化を調べようとした実験である（食事とトイレは許された）。実験には部屋で過ごした時間に応じて報酬を与えるという条件に応募した大学生が参加した。その

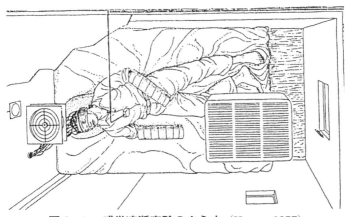

図6-1　感覚遮断実験のようす（Heron, 1957）

結果，早い者では数時間でやめてしまったが，頑張って２，３日間この部屋で過ごした者の中には，幻覚（幻聴・幻視）を報告する者が現れた。このため，実験は急遽中止された（Heron, 1957）。倫理的に大きな問題があることから，現在この種の実験を行うことは禁止されているが，感覚遮断実験の結果は，人は刺激が過少な環境に適応できない可能性を示唆している。しかし，仮にこの部屋でスマホが使えたり，テレビが見られたりする条件に変えたとしたら，結果はだいぶ違ったものになっていただろう。新しい情報を得るといった知的活動を動機づける好奇動機は知的好奇心と呼ばれるが，感覚遮断実験は人に備わった性質としての，知的好奇心の存在を裏づけている。

　ところで，人に知的好奇心があり，情報刺激を求める存在であるならば，授業で取り上げられる学習内容も情報刺激であり，知的好奇心の対象になるはずである。事実，学習内容が楽しくて熱心に授業に臨んでいる子どもも少なくない。その一方で，学習を嫌う子どももいる。両者を分けるのは，何であろうか。その１つは学習内容が理解できるか否かであろう。授業を聞いていて，内容が理解できれば情報刺激として知的好奇心を充たすものになる。しかし，学習内容が理解できなければ，感覚遮断実験のように無刺激に近い状態に置かれることになり，その子どもにとっては苦痛な状況になってしまう。このことからすれば，子ども達が授業で学習に内発的に動機づけられるか否かは，教師が子どもに理解できるように教えられるか否かが大きく関わっていることになる。

　なお，知的好奇心は拡散的好奇心と特殊的好奇心に分類されることがある。前者は，退屈なときにテレビを見たり，雑誌を読んだりというように動機づけが特定の対象に向けられるものではないが，後者では趣味や研究のように特定の対象に向けられる。いうまでもなく，学校での学習内容は特定の対象であるため，特殊的好奇心によって動機づけられる

べきものである。

（2）達成動機づけと学習意欲

　ある国語辞典では，勉強とは「（学問・仕事などに）つとめはげむこと」とある（久松・佐藤，1969）。たしかに勉強は好奇動機の対象となる側面もあるが，かけ算九九を憶えようとすれば何度も繰り返して練習しなくてはならないし，数学の難問を解くまでには，粘り強く試行錯誤することが必要なこともある。勉強にはそうした側面があるため，「努め，励む」という定義になっているのであろう。

　こうした努め，励まなければならない側面をもつ勉強を続けさせるのは達成動機による動機づけである。したがって，達成動機づけは日常的に使われる学習意欲とかやる気に近い概念である。達成動機づけが強ければ，課題に対して粘り強く取り組むことになるが，その強さについて，アトキンソンはその人のもつ達成動機とその課題への主観的成功確率，成功の魅力（成功したときの喜びの大きさ）によって決まるとする次式のモデルを考えた（Atkinson, 1957）。この考え方は，期待価値理論と呼ばれる。

達成動機づけの強さ
　＝達成動機×主観的成功確率（期待）×成功の魅力（誘因価）

　この式のうち，達成動機は課題を成し遂げようとする成功接近動機の強さと，失敗を避けたいという失敗回避動機の強さの差によって決まると考える。よって，前者が後者より強い場合は，課題を与えられたときそれに挑戦しようとする。また，主観的成功確率（期待）と成功の魅力（誘因価）は，成功が見込まれる場合（成功確率が高い），それは易しい課題であるが，成功の魅力はない（成功の魅力が低い）ため，両者の関

係は，「**成功の魅力＝ 1 －主観的成功確率**」であると考える。この場合，主観的成功確率が50％（0.5）で（**主観的成功確率×成功の魅力**）の値が最大になることから，達成動機が一定の場合には，五分五分の主観的成功確率で達成動機づけが最も強くなるということになる。

（3）動機づけと自己効力感・学習性無力感

　期待価値理論は，動機づけの強さに主観的成功確率のような認知的な要素を取り入れている点に特徴がある。認知的な要素に関連して，バンデューラ（Bandura, 1977）は，目指す結果に至るまでの動機づけについて，このようにすれば目指す行動に到達できるだろうという結果期待と，自分がその行動をやりきれる自信があるか否かという効力期待の 2 つの認知が関わると考えた。そして，ある個人が自分自身について評価する効力期待の程度のことを自己効力感とよんだ。すなわち，自己効力感はそれをすれば結果に結びつくという結果期待に基づく行動を，自分が成し遂げられるかどうかの評価のことである。

　例えば，一生懸命に勉強をすれば成績が上がることは間違いないと思うが（結果期待），その勉強をする自信がない（効力期待の程度の評価，すなわち自己効力感）という場合，勉強をすれば成績が上がることについて結果期待はもてているが，自己効力感は低いということになる。当然，自己効力感が低ければ勉強という行動は起こらないことから，自己効力感は動機づけに関わる。

　また，自己効力感は，特殊的自己効力感と特性的自己効力感に分けて考えられることがある。特殊的自己効力感はある特定の課題や場面に関するものである。そして，それは過去の類似の経験に基づいて評価されるため，成功経験があれば高い自己効力感をもつことができる。特性的自己効力感は，個々の具体的な課題や場面を超えた，いわば性格特性の

ような性質をもつ長期的で全般的な自己効力感である。これを決める要因の1つは，身近な親や教師，また友人からの賞賛・承認，激励であり，これによって自分が有能な存在だという高い自己評価（自己有能感）をもてるようになるといわれている。自分が有能な存在だという認識をもてれば，能動的で積極的な行動をとろうとする。逆に，叱られてばかりいると，自己評価は低いものになり，行動も消極的になってしまう。

　ところで，人は達成動機をもつ存在なのに，勉強などに熱心に取り組まない子ども達もいる。セリグマンとマイアーは，やる気のなさは学習されるという考え方を示し，それを学習性無力感とよんだ。それまでの失敗経験が積み重なることで，自分の行動と結果が結びつかないことを学習してしまうというのである（Seligman & Maier, 1967）。結果が伴わなければ，その行動が意味をもたないために，行動自体をしようとしなくなるのは当然のことである。「授業を熱心に聞いていても理解できない」，「夜遅くまで勉強をしてみたが，成績が上がらない」といった経験が積み重なると，当該の行動をやめてしまう。それゆえ，学習性無力感に陥らないようにするためには，適度な成功経験が必要になる。

3. 学習における2つの主要な動機づけ理論

（1）自己決定理論　―主体性の観点から―

　近年，教育心理学では自己決定理論と達成目標理論を基本的な枠組みとする動機づけ研究が多く行われている。自己決定理論は，動機づけの状態を，「他の人からの働きかけによって行われ，それが他者からやらされている」という他の人からの統制感をもつ段階から，「自発的に開始され自らが主体的に行っている」という感覚をもつ段階までの4つの型に分類する。そしてそれぞれの動機づけの型を調整スタイルという。4つの型とは外的調整，取り入れ的調整，同一化的調整，内的調整である。

　外的調整スタイルは，学習自体には価値を見出していないが，他者からの賞罰によって学習を行うといったように，他の人からの統制感がとても強い状態を指す。したがって，最も主体性が低く，先の外発的動機づけに近似した動機づけの状態といえる。取り入れ的調整スタイルでは，他者からの明確な働きかけはないが，義務感や不安から学習を行うような場合であり，外的調整スタイルの次に主体性は低い。また，同一化的調整スタイルは，学習することの価値自体を認めて，主体的に学習を行うような場合である。内的調整は，学習自体が楽しくて自ら学習を行うような場合で最も主体的である。これは内発的動機づけに最も近い状態である。このようにみると，自己決定理論は，内発的動機づけと外発的動機づけの分類を細分化した理論ととらえることもできる。

　調整スタイルの違いが学習にどのような影響を及ぼすのかについての研究が行われている。それらは外的調整スタイルの場合，学習内容の理解をしないまま丸暗記するような学習に留まるのに対して，内的調整では深く考えたり，さまざまな資料にあたってみたりするといった望ましい学習が行われることを報告している。

（2）達成目標理論　—価値づけの違いの観点から—

　教育心理学のもう1つの主要な動機づけ理論は，達成目標理論である。達成目標理論では，何に自分のもつ力を発揮しようとするのかという目標の価値づけの違いに着目し，習得目標と遂行目標に分類する。

　習得目標では，学習の目標を学習内容の習得によって自身の学力を高めることに動機づけられる。これに対して，遂行目標では，他の人に自分がよい成績であることを示したり，自身の自尊心を維持したりすることに動機づけられる。また，等しく習得目標にある場合でも，目標に到達できることを目指すのか，到達できないことを避けようとするのかの

違いもある。前者は接近目標，後者は回避目標と呼ばれる。そして，習得目標か遂行目標かという次元と，接近目標か回避目標かの次元の組み合わせから，動機づけの状態を習得接近目標，習得回避目標，遂行接近目標，遂行回避目標の4つに分類することがある（Elliot & McGregor, 2001など）。

習得接近目標は，「その学習内容に習熟したい」といったように学習内容の習得を目指す。習得回避目標では，「その学習内容が分からないのは嫌だ」というように学習内容が理解できないことを忌避しようとすることに動機づけられる。また，遂行接近目標では，「よい成績を収めてクラスメートに自分が優秀なことを示したい」のように自己の有能さを他者に示したり，プライドを保ったりすることに動機づけられる。遂行回避目標では，「他の人から成績が悪いと思われたくない」といったように，他者からの低い評価を避けようとすることに動機づけられる。

一般に，最も望ましいのは習得接近目標であり，その場合には先の自己決定理論の内的調整スタイルと同様に，深く考えたり，さまざまな資料にあたってみたりするといった望ましい学習が行われる。

4. 知的好奇心による動機づけの方法

（1）知識間のズレを利用する方法

ここまで述べたように，学習における内発的動機づけの源泉は好奇動機とりわけ知的好奇心によるものであった。ここでは学習者の知的好奇心に基づく動機づけを喚起する方法について考えていく。まず，第1に知識間のズレを利用する方法が考えられる。小学校3年生の理科で学ぶ「物と重さ」の学習を例にとれば，**図6-2**のように複数の正解が考えられるような問題を授業の最初に出題する。学習者は踏ん張ったりすると体重計にかかる力は大きくなるのではないかとか，片足を上げるとその

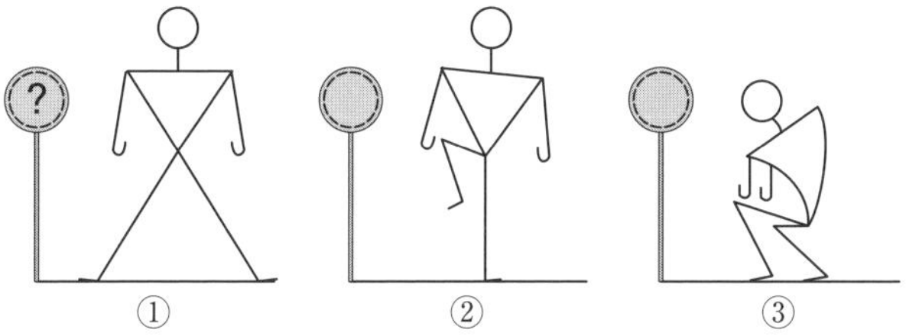

問題：体重計が一番重い目盛りをさすのは何番だろう。

図 6 - 2　「重さの保存」について調べる問題（細谷，2001）

分，体重は少なくなるのではないか，あるいは食べたり飲んだりしたわけではないので，元々の体重自体に変化はないのでないかといった複数の考えの間で揺らぐ。人はこうした認知的葛藤の状態（互いに矛盾する複数の考えが頭の中で衝突を起こしている状態）にあるとき，それを解消しようとして，正解に関する情報を求めようとする性質があるため，授業に熱心に取り組むことが期待できる。第 2 章で触れた仮説実験授業は，この認知的葛藤を巧みに取り入れた授業法である。

　また，第 3 章で取り上げた誤概念を利用することもできる。真上に投げ上げ，上昇しているコインに働く力を記入させる課題を慣性の法則の授業の冒頭部分で課し，下向きの力だけが働いているという正解が告げられると，生徒たちの誤概念とのズレが生じる。そして生徒はそのズレを解消しようと授業に関心をもつようになる。

（2）日常生活と結びつける方法

　小学校 6 年生の理科では「水溶液の性質」が取り上げられ，水溶液には酸性・アルカリ性・中性のものがあること，気体が溶けているものがあること，そして金属を溶かすものがあることの理解が目指される。このうち，ある教科書では希塩酸に鉄やアルミニウムが溶けることが紹介

されている。しかし，子ども達にとって塩酸は馴染みのない薬品であり，それが金属を溶かしたとしても意外性のおもしろさは感じにくいし，自身の生活との結びつきがないために関心をもてない。

　しかし，酸性の酸味を利用して「酸っぱいものは酸である」，「酸は金属を溶かす」とルール化してみるとしよう。すると子ども達は，「酸は酸っぱいということだった。レモンは酸っぱいぞ。ならば金属を溶かすはずだ」とか，「イチゴも酸っぱい。十円玉に貼り付ければ，光るようになるかもしれない」などと予想ができ，実際に調べてみようとするだろう。このように学校で習った知識が日常と結びつく意外さのおもしろさや，「家で汚れを落とそうとするときにやってみよう」というように，知識の有用性も感じさせることができれば，学びがいのある知識としてその学習内容に興味をもたせられる。

（3）既有知識を活用させる方法

　一般に，実際の活動を伴う授業はおもしろいといわれる。体育や図画工作，家庭科はそうした要素をもつ教科である。また，理科の実験も同様である。では，活動を伴わない概念的な学習は子ども達におもしろいと感じさせることはできないのであろうか。

　次の事例から考えてみよう。細谷（2001）は，文系大学生に「金属の一般的性質を挙げよ」という発問をしたところ，はかばかしい答えが返ってこなかったので，「金属かどうかを確かめたい。どんなことを試して，その結果がどうなったら金属といってよいか」という発問に変えてみた。すると，「叩いたり，曲げたり，落としたりして，折れたり，壊れたりしなければ金属っぽい」「温めたり，冷やしたりしてみて，温まりやすかったり，冷えやすかったりしたら金属だ」「電気を通して，通れば金属だ」など，多くの答えが返ってきたという。これらの答えは延

性・展性，熱や電気の良導体といった金属のもつ一般的性質を指摘する
ものであり，正答といえるものである。2つの発問には，前者が正解を
知っているか否かが問われる，いわば「閉じた発問」であるのに対して，
後者は正解を知らなくても，自分自身の過去の経験から得た既有の知識
を使える「開いた発問」という違いがある。開いた発問では既有知識を
総動員して答えようとするから，学習者は考えること自体に動機づけら
れる。こうした既有知識を使うことのできる学習はおもしろいものとな
る。なお，変更後の発問は目標を実現する方法を問うタイプのものであ
り，工作的発問と呼ばれる。

5．達成動機による動機づけの方法

（1）自己効力感からのアプローチ

先の自己効力感の考え方や学習性無力感の考え方から，達成動機づけ
を高めるためには，成功経験が必要であった。しかし，最初から高い目
標を設定すると，到達は難しく，失敗に終わることがある。そこで，最
終目標までの過程を細かなステップに区切り，それぞれのステップへの
到達を小目標として設定する。すると，当該の小目標への到達の可能性
は高まり，到達すればそれが成功経験になって，次のステップに向けて
動機づけられる。

また，授業を熱心に聞いていて，新たな知識の獲得や学習内容の理解
の深まりがあったとしても，それが成果として自覚できなければ成功経
験ととらえられないため，自己効力感につながらない。学習の成果とし
ての知識の増加や理解の深まりは，頭のなかの働きであり，物理的な存
在とは違って目に見えないため，成果として把握しにくい。これを回避
するためには，テストなどによって熱心に学習をしたから問題が解ける
ようになったというように，成果を可視化して子ども達にフィードバッ

クしてやることが有効である。

（2）原因帰属からのアプローチ

　ある高校生が希望の大学に合格できたとしよう。そして，その生徒が合格できた理由を考えたとする。この場合，「一生懸命に受験勉強に励んだからだ」と考える生徒もいれば，「たまたま運がよかったからだ」と考える生徒もいるだろう。こうした結果の原因を推定することを原因帰属という。ワイナーの原因帰属理論では，成功と失敗の原因帰属のタイプを，原因が①自分の内部の要因か外部の要因かという次元，②安定的な要因か，不安定な要因かという次元，そして③自分自身で統制できる要因か，そうでないかという3つの次元に分類し，表6-1のように整理している（Weiner, 1979）。

表6-1　成功・失敗の原因の帰属先の分類（Weiner, 1979）

	内　的		外　的	
	安定	不安定	安定	不安定
統制不可	（生得的な）能力	その時の気分	課題の難しさ	運
統制可	普段からの努力	直前の一時的努力	教師の先入観	他の人からの一時的な助け

　この表で，「運がよかったからだ」という場合，「運」は自分の外にあり，不安定で自分ではどうすることもできない統制不可能な要因である。一方，「普段から一生懸命勉強したからだ」といった場合の「努力」は，自分の内部の要因であり，安定的で，自分で統制可能である。また，試験での成功や失敗を「運」に帰属した場合には，自分ではどうすることもできないため，次の行動に結びつかない。これに対して，「努力」に

帰属した場合には，成功したときには，次も努力を続けようと思うであろうし，失敗したときにはもっと努力をしようと思うであろう。ワイナーの原因帰属理論からは，親や教師は子どもが成功や失敗を「努力」に原因帰属するようになる指導をしていくことが大切だということになる。

学習課題

1　あなたが「教育・学校心理学」を学ぶのは，内発的動機づけ・外発的動機づけのいずれによるものかについて考え，なぜそう思うのかについて考察してみよう。
2　あなたが「教育・学校心理学」を学ぶのは，達成目標理論の4つのタイプのどれに近いかについて考え，なぜそう判断するのかについて考察してみよう。
3　小学校低学年の子どもが認知的葛藤を引き起こしそうな問題を考えてみよう。

引用文献

Atkinson, J. W. (1957). Motivational determinants of risk-taking behavior. *Psychological Review, 64*, 359-372.

Bandura, A. (1977). Self-efficacy: Toward a unifying theory of behavioral change. *Psychological Review, 84*, 191-215.

Deci,E.L. (1971). Effects of externally mediated rewards on intrinsic motivation. *Journal of Personality and Social Psychology, 18*, 105-115.

Elliot, A. J., & McGregor, H. A. (2001). A 2×2 achievement goal framework. *Journal of Personality and Social Psychology, 80*, 501-519.

Heron, W. (1957). The pathology of boredom. *Scientific American, 196*, 52-56.

久松潜一・佐藤謙三（編）(1969). 角川国語辞典　角川書店

細谷　純（2001）. 教科学習の心理学　東北大学出版会

国立教育政策研究所（2017）. 平成29年度全国学力・学習状況調査の調査問題・正答例・解説資料について（http://www.nier.go.jp/17chousa/17chousa.htm　閲覧日：2018年 5 月10日）

国立教育政策研究所（編）（2016）. 生きるための知識と技能　6 OECD 生徒の学習到達度調査（PISA）―2015年調査国際結果報告書―　明石書店

Lepper, M. R., Green, D., & Nisbett, R. E.（1973）. Undermining children's intrinsic interest with extrinsic rewards：A test of the "overjustification" hypothesis. *Journal of Personality and Social Psychology, 28*, 129-137.

Seligman, M. E. P., & Maier, S. F.（1967）. Failure to escape traumatic shock. *Journal of Experimental Psychology, 74*, 1-9.

Weiner, B.（1979）. A theory of motivation for some classroom experiences. *Journal of Educational Psychology, 71*, 3-25.

参考文献

奈須正裕（2002）. やる気はどこから来るのか　北大路書房

市川伸一（2001）. 学ぶ意欲の心理学　PHP 研究所

7 | 自律的な学習者の育成

進藤聡彦

《**目標＆ポイント**》 学習者が自ら「国語で論説文の読解を深めるために，批判的に（クリティカルに）読んでみよう」とか，「机に向かったものの，すぐに勉強に飽きてしまうから，キチンと時間を決めて勉強に取り組んでみよう」などと考えて，実行することは，学習の方法や学習への動機づけの方法を自らが制御，調整しようとしている点で共通している。本章では自律的な学習者の育成という観点から，この学習の自己調整ということについて考えていく。
《**キーワード**》 自律的な学習者，メタ認知，自己調整学習，自己動機づけ

1. 自律的な学習とメタ認知

（1）自律的な学習者とは

　保護者や教師にいわれて，学習を進めるのではなく，学習に内発的に動機づけられ，自ら進んで学習に取り組むことは望ましい。では，こうした内発的に動機づけられた者のことを自律的な学習者というのだろうか。たしかに，それも自律的な学習にとっては大切なことである。一方で，学校では興味をもてない内容についても，学習を進めなくてはならないこともある。そうした場合に，自らを奮い起こして机の前に座り，飽きてきてもその気持ちを紛らわせて学習を続けることができる者も，自律的な学習者であろう。

　動機づけの問題だけでなく，何を学習すべきか分からないとか，どう学習したらいいのか分からないということもある。そのような状態では，

学習はそこで行き詰まってしまって，先に進むことができない。だから「理解が不十分な箇所が分かる」とか，「こういう方法で学習すれば理解しやすいということが分かる」といったことも自律的な学習にとっては必要になる。また，第4章で述べたように，学習内容を記憶しようとするとき，どのように憶えるのか，その方法によって効率は違う。いたずらに丸暗記しようとするだけでは効率は悪いし，学習自体もつまらないものになってしまう。このように，自分自身の理解や記憶の状態を的確に把握し，不十分な場合には効果のある記憶法や理解を促進する方法を選択し，実行に移すことができれば，円滑に学習を進めることができる。そして，こうしたことのできる学習者も自律的な学習者だといえる。

（2） メタ認知的活動の2つの機能

　何を学習したらいいのか分からないとか，どう学習すればいいのか分からないという問題は，メタ認知の問題と関わる。メタ認知とは，自分自身の学習の状態を把握，評価したり，学習の方法を制御，調整したりする認知機能（頭の中の働き）のことである。

　メタ認知は大きくメタ認知的活動とメタ認知的知識に分類される。また，メタ認知的活動はメタ認知的モニタリングとメタ認知的制御からなる（図7-1）。

　ある学習内容について授業を受けた後に，自らの理解について，「理解できた」「理解できなかった」「理解できたのか，理解できなかったのか分からなかった」という3種の評価がありうる。これらの評価は自分自身の理解の状態をモニターした結果によって下された判断である。この種の機能がメタ認知的理解モニタリングである。「理解できた」と評価した場合，実際に学習内容が理解できていれば，メタ認知的理解モニタリングが的確に行われたことになる。しかし，その評価が的確に行わ

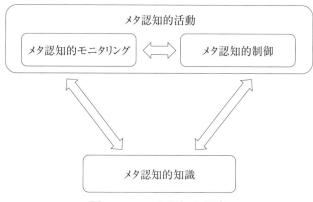

図7-1　メタ認知の要素

れるとは限らない。実際は理解できていないのに，理解できていると評
価することもある。これは分かっていないのに，分かったつもりになっ
ている状態であり，メタ認知的理解モニタリングが的確に行われていな
い状態である。同様に，「理解できたのか，理解できなかったのか分か
らない」という場合も，メタ認知的理解モニタリングが十分に機能して
いない状態である。

　メタ認知的モニタリングは，理解だけでなく記憶も対象になる。学習
内容を十分に憶えたつもりでテストに臨んだところ，すっかり忘れてし
まい思い出せなかったとすれば，それは記憶時のメタ認知的記憶モニタ
リングが的確ではなかったということになる。このように学習者のメタ
認知的モニタリングは的確に行われないことがあるため，学習内容の理
解や記憶に関する情報を提供する目的でテストなどを用いた評価が行わ
れる（第8章参照）。

　メタ認知的活動のもう一方のメタ認知的制御は，学習の方法を制御，
調整する働きであり，例えば算数の文章題を解くときに，図を描いて問

題状況を把握しやすくしようとすることがある。この場合，自分自身の理解を促すために，自分自身で認知過程を制御，調整しているといえる。

　記憶でいえば，ここに「psychology －心理学」のように初めて見る英単語とその意味が書かれた20個の対があったとしよう。そして，それらを憶え，あとで英単語の綴りを思い出す課題が与えられたとする。このとき，第4章の処理水準で述べたように，形態処理の水準で憶えることもあれば，音韻処理の水準で憶える方法や，意味処理のレベルで憶える方法もある。どれを用いるかは学習者によって分かれる。また，単純なリハーサルでもひたすら書いて憶える方法もあれば，声に出しながら憶える方法もある。それぞれの学習者が自分の最も憶えやすいと考えた方法を選択，実行しているのである。これは憶えやすいように自身の認知を制御，調整する認知過程とみなすことができることから，メタ認知的制御といえる。

　上記の例は算数の文章題の問題解決や英単語の記憶のような課題に固有の方法であるが，広範な課題について共通して適用できる「分からない内容を理解するためには，最初の基礎的な事項から学習し直してみよう」とか，「苦手な科目に時間をかけよう」といった学習方略をとろうとすることもメタ認知的制御にあたる。

　メタ認知的モニタリングとメタ認知的制御は，学習時に理解が不十分だと思えば（モニタリング），教科書をもう一度読んでみよう（制御）などと考えたりするといったように相互に関連している。

（3）メタ認知的知識の役割

　メタ認知的モニタリングやメタ認知的制御といったメタ認知的活動は，メタ認知的知識に基づく。メタ認知的知識とは，自分自身や人一般の認知についての知識のことである。「学習した内容を自分の言葉でい

い直してみれば理解しているのか，いないのかが分かる」，「学習したことの要約文を書ければ，理解できているということが分かる」といった例は，モニタリングに関連したメタ認知的知識である。また，「算数の文章題では図を使えば理解しやすくなる」，「書いて憶えるだけでなく，同時に発音しながら英単語を憶えれば，よく憶えられる」などは制御に関連したメタ認知的知識である。こうした知識に基づいて，メタ認知的活動が行われる。逆に，いろいろなメタ認知的モニタリングや制御の方法を試みて，得られた結果からメタ認知的知識を獲得することもある。したがって，メタ認知的活動とメタ認知的知識も相互に関連する。

（4）学力の要素としてのメタ認知

　一般に学力というと，知識の多寡や問題解決の可否が問題とされてきた。しかし，それを支えるのはメタ認知である。

　メタ認知的モニタリングが的確に行われず，不十分な理解や記憶の状態にあるのに，学習内容が分かったとか，憶えたと評価すれば，それ以上の学習は行われず，不十分なままに留まってしまう。逆に，十分に理解したり，記憶したりしているのに，不十分だと評価すれば，必ずしも必要のない学習を続けることになってしまい，非効率である。

　メタ認知的制御についても，理解を促進する方法をとることなくいたずらに考えているだけでは，あるいはただ丸暗記を繰り返しているだけでは，効率が悪い。こうした点でメタ認知は，知識の獲得や問題解決に深く関わっている。

　第4章で取り上げた古代土地制度の学習の例でこのことを考えてみよう。大学生に与えられた課題は，①墾田永年私財法，②三世一身法，③荘園の成立，④班田収授法の4つの歴史事象を年代の古い順に並べるというものであった。そして，この課題について高校生の時に各事象の年

代を語呂合わせで憶えていた者よりも，公地公民の制度が徐々に私有制に移行していったという大きな流れの中にそれぞれの事象を位置づけて憶えた者の方が，大学生になってもよく憶えていた（西林，1994）。そうした者の学習過程を推理してたどってみると，次のようになる。

---

a．4つの事象の順番を憶えるには，年代を語呂合わせするのも有効な記憶法の一つだ（メタ認知的知識）

b．しかし，語呂合わせ自体もすぐ忘れてしまいそうだ（メタ認知的モニタリング）

c．理解できて，よく憶えるためには，知識を構造化することが大切だった（メタ認知的知識）

d．なんとか構造化してみよう（メタ認知的制御）

e．要するに，「律令体制の下で，公地公民を原則とする古代土地制度が徐々に崩れていって，荘園が成立した」ということだな（歴史の知識）

f．だから④②①③の順のはずだ（歴史の知識）

g．こうして憶えれば同様の問題が出題されても，長く憶えていられるだろう（メタ認知的モニタリング）

このように知識の獲得に至るまでには，歴史の知識だけでなく，知識の獲得までの認知過程をリードするメタ認知が関わっている。そうとらえれば，メタ認知能力も学力の一部といえることに納得できるであろう。

2．自律的な学習と自己調整学習

（1）学習者が用いる自己動機づけ方略

メタ認知は学習における認知過程をリードする役割を果たすこと，そ

して学習の過程での役割の大きさから，学力を構成する要素の1つとして考えられることを述べた。しかし，メタ認知だけで自律的な学習が成立するわけではない。学習におけるもう1つの重要な側面は，本章の冒頭でも述べた動機づけである。

　机に向かってもすぐに飽きてしまう子どもや，難問の解決ができずに簡単に諦めてしまうような子どももいる。一方で，そうした場合でも，粘り強く動機づけを維持するような子ども達もいる。こうした違いを自らが行う動機づけの方法の違いという観点から眺めてみることもできる。

　中学生が自らを学習に動機づける方法を調べた結果は，**表7-1**のように8つに分類できるものとなった（伊藤・神藤，2003）。この表から，生徒達は多様な方法で自分自身を動機づけようとしていることが分かる（以下では，自分自身を動機づけることを自己動機づけと呼ぶ）。

　また，伊藤・神藤（2003）はそうした自己動機づけ方略と教科の学習に対する動機づけとの関連や，用いる自己動機づけ方略の学年差も調べている。その結果，**表7-1**の「Ⅰ整理方略」～「Ⅴ社会的方略」までの各方略を用いている者ほど教科の学習に対して内発的に動機づけられ，「Ⅵ報酬方略」と「Ⅶ負担軽減方略」を用いている者ほど外発的に動機づけられている傾向があった。それぞれの自己動機づけ方略の使用頻度の学年差については，想像方略は中学1，2年生に比べて中学3年生で用いる頻度が高く，報酬方略は2，3年生に比べて1年生が高いなどの結果になった。3年生は高校入試を目前に控えているため，その目標と結びついた自己動機づけ方略が動機づけの維持に効果をもつことを示唆している。

（2）自己調整学習と発達差

　メタ認知は自らの認知をモニターし，制御，調整することであり，自

表7-1　中学生の自己動機づけ方略（伊藤・神藤，2003の一部を抜粋）

方略	具体的項目の例
Ⅰ　整理方略	・ノートをきれいに，分かりやすくとる ・部屋や机の上を片づけて勉強する
Ⅱ　想像方略	・行きたい高校に受かった時のことを考える ・将来の自分自身のためになると考える
Ⅲ　めりはり方略	・勉強する時は思いっきり勉強して，遊ぶ時は思いっきり遊ぶ ・「ここまではやるぞ」と，量と時間を決めて勉強する
Ⅳ　内容方略	・自分のよく知っていることや興味のあることと関係づけて勉強する ・語呂合わせをしたり，歌にあわせたりして憶える
Ⅴ　社会的方略	・友だちと教え合ったり，問題を出し合ったりする ・友だちと一緒に勉強する
Ⅵ　報酬方略	・勉強が終わったり，問題ができたら，お菓子を食べる ・勉強やテストがよくできたら，親からごほうびをもらう
Ⅶ　負担軽減方略	・得意なところや簡単なところから勉強を始める ・飽きたら別の教科を勉強する
Ⅷ　ながら方略	・音楽を聞きながら勉強する ・勉強の合間に趣味や楽しいこと（読書，スポーツ，ゲームなど）をする

己動機づけは飽きる気持ちや，課題の遂行が困難なときにすぐに見切りをつけてしまいたい気持ちを制御，調整することである。よって，これら2つは自身の学習を自らが制御，調整する点で共通している。こうした働きを心理学では自己調整（self-regulation）とよんでいる。自己調整という概念はさまざまに定義されているが，一般的には人が自分自身の認知，行動，そして動機づけをモニターし，それらを自分が望む方向に制御，調整しようとする機能を指す。

　学習における自己調整，すなわち自己調整学習は学習の向上という方向性をもち，認知，行動，動機づけをモニターし，制御，調整することであり，先に述べたメタ認知は，自己調整学習の認知面の働きとして，また自己動機づけの過程は動機づけ面での働きとして位置づく。

　ジマーマンとシャンクは自己調整学習で進められている研究の基礎的領域として，4つを挙げている（Zimmerman & Schunk, 2011）。そのうちの2つは，既に述べたメタ認知の領域，および動機づけの領域である。他の2つは，子どもの発達の領域と社会的領域である。

　自己調整学習に深く関わるメタ認知の発達に関して，マークマンは小学校1年生から3年生を対象に新しいカードゲームのルールを教えた。そのルールは，「2人に4枚ずつアルファベットのカードを配り，それを重ねて一番上のカードから1枚ずつめくり，特別なカードをもっているか調べます。次のカードでも同様に調べます。そして，最後にたくさんのカードをもっている人が勝ちです」というもので，特別なカードが何なのかなど，必要な情報を欠いていた。しかし，いずれの学年でも情報不足を指摘できた者はいなかった。実際にゲームをするのに必要な情報を自分自身がもっているのかについてのモニタリングができなかったのである。また，3年生は最小限のヒントが与えられると情報の不足に気づいたが，1年生は実際にゲームをやってみないと情報不足に気づけなかった（Markman, 1977）。

　両学年の子どもがいずれも情報不足を指摘できなかったことから，小学生のメタ認知的理解モニタリングの能力が大人の水準には達していないこと，また両学年間で気づき方に差が見られたことから，等しく児童期の子どもでも年齢間にメタ認知的モニタリング能力の発達差があることを示している。

　メタ認知的知識やメタ認知的制御の発達にも年齢間で違いがある。ブ

ラウンはビデオで子どもが12枚の絵をカテゴリー化（仲間の絵ごとに分けて憶える），リハーサル（復唱する），ラベリング（そのものの名前を言う），注視という4つの方法で憶えているようすを映したビデオを見せ，どの方法がよく憶えられるか4歳児と小学校1年生，3年生の児童に尋ねた。

　その結果，記憶にとって有効なカテゴリー化とリハーサルを選んだ者は，年齢を追うごとに増えた。また，その有効な方法を選んだ者のうち，実際にその方法を用いて記憶した子どもの割合を調べたところ，年齢が上の者ほど高かった（Brown, 1978）。この結果は，記憶方略に関するメタ認知的知識の獲得状況やその方略の使用といったメタ認知的制御にも発達差があることを示唆している。こうしたメタ認知的制御能力の発達は，たんに年齢が上がれば成熟的要因によって自然に獲得されるというわけではなく，実際にその方法でやってみたらうまくいったというような経験によってもたらされる面が大きいとする見解を示す研究が多い。

　同様に，自己動機づけについても用いる方略に発達差があり，学年が上がるにつれてより有効な方法をとっていると考えられる。

（3）自己調整学習と他者の関係

　自己調整学習の社会的領域の研究では，他者との相互作用を重視している。例えば，学習内容が理解できないときに，休み時間に教師のところに教えてもらいに行くとか，成績がいい級友に教えてもらうといった援助要請ができることも自己調整学習だと考える。これは，教科書や参考書と同様の外部の知的援助資源として，他者を自発的に利用しようという点で，自己調整的な学習にあたると考えられるからである。

　自己動機づけにおいても，他者の存在が一定の役割を果たす。ジマーマンとキサンタスは大学生を対象に，彼（女）らにとって難しい羅列的

に書かれた文章をまとまりのある文章に書き直す課題を課す際に，それ
を難なくやって遂げるモデルを観察した場合と，コーピング（ストレス
対処の方法）を使いながら課題を行うモデルを観察した場合で，後者の
方が成績がよかったことを報告している（Zimmerman & Kisantas,
2002）。これは，困難な課題にストレスを感じながらも，それを解消し
ながら課題を続けるモデルのようすを自分に取り入れ，自己動機づけを
行い，学習が続けられたためだと考えられる。

　なお，ジマーマンは自己調整学習の一連の過程を，見通し段階，遂行
段階，自己内省段階に分けて，それぞれの段階で行われる自己調整を挙
げている。見通し段階では自分にとって適切な学習目標の設定やその実
現方略についてのプランニングなどが行われる。そして，遂行段階では
学習課題についてのメタ認知的モニタリングや制御，学習時間の管理，
自己動機づけの喚起などが，また自己内省段階では，学習結果のモニタ
リングやその結果の原因の推定（原因帰属）などが行われるとしている
（Zimmerman & Moylan, 2009など）。

3.　自律的な学習者の育成法

（1）　メタ認知の育成

　教育の観点からは，メタ認知能力を高め，自己動機づけのできる自律
的な学習者を育てるにはどのようにすればいいのかが問題になる。

　メタ認知的制御について，これまでの研究で効果的な学習方略を獲得
させるには，次の過程が有効だといわれている（例えば，Ghatala, *et
al*, 1985）。まず，①教師が有効な学習方略を子ども達に教授する，②そ
の方略を含め効果に違いがある複数の学習方略を実際に試させて，効果
の違いを実感させる，③有効な方略の使用の意義を確認させる，④その
方略の定着を図るために，教師が当該の有効な方略を使用できる状況を

つくり，実際に使用させる。そして，⑤別の有効な学習方略についても，同様な過程を繰り返す。こうした過程を辿ることで，メタ認知的制御ということに敏感になり，学習に際して意図的に効果的な方略を選択，実行できるようになることが期待できる。

　メタ認知的モニタリングの育成法の先駆的な例として考えられるものの1つが，相互教授法である（第2章も参照）。バリンサーとブラウンは，中学生を対象に教師の支援の下で生徒同士のペア学習やグループ学習を行う際に，生徒の一人を先生役に割り当て，先生役の生徒が生徒役の生徒に対話を通じて「文章の要約の仕方」，「質問の作り方」，「不明確な部分の明確化」，「次に書かれている内容の予測」という効果的な読解方略と，その使用法を指導する状況をつくった。そして，先生役と生徒役は

表7-2　相互教授法による談話例（Palincsar ら（1984）；瀬尾，2016）

発言者	発言内容
生徒C*	テキスト（塩の作り方）を読む 3つの基本的な塩の作り方を言ってください
生徒A	蒸発法，採掘法，……人工的蒸発法です
生徒C*	正解です。この段落は「塩の作り方」について書かれたものと言えます
教師	よくできました。次の先生を選んで下さい
生徒L*	テキスト（塩の採掘法）を読む 塩の採掘法として，よく言われている2つの言葉を選んで下さい
生徒K	Back to the salt mine（注：「仕事に戻ろう」という意味の諺）
生徒L*	違います。Aさんはどうですか？
生徒A	危険と困難です
生徒L*	正解です。この段落は，昔の採掘法と現代の採掘法を比べているものです
教師	すばらしいです

注：＊印は「教師役」の生徒

交互に交代した（Palincsar & Brown, 1984）。その対話過程の一部を**表7-2**に示す（Palincsar ら（1984）に基づき瀬尾（2016）が作表）。相互教授法により学習した場合，教師が直接読解方略を教授した場合と比べて，事後の読解の成績が高かった。この過程では，生徒役が先生役の生徒から効果的な読解方略とその使用法を学習するだけでなく，先生役の生徒にとっても生徒役への説明や質問を通して自身の理解内容が言語化され，外在化されることで，的確な理解モニタリングが行われたと考えられる。そして，その的確な理解モニタリングの下で教え，教えられる活動を通して当該の内容の学習が進められたため，理解がより深まり，高成績につながったのではないかと考えられる。

（2）メタ認知能力を育成する実践

　メタ認知の育成という観点からの実践的な取り組みに，認知カウンセリングがある。認知カウンセリングとは，「何々が分からなくて困っている」という認知的な問題をかかえる学習者に対する個別的な相談と指導であり，その活動を通して心理学研究と学習指導をつなぐという趣旨で行われている実践的研究活動である（市川，1995）。その指導方法として市川（1993）が挙げる 6 項目のうち，ここではメタ認知的モニタリングに関わる 3 つを取り上げる。

　　①**自己診断**……どこが分からないか，なぜ分からないかをいわせてみる。これによって，自身の理解の状態が明確になるとともに，学習場面でメタ認知的モニタリングをしようとする意識の高まりが期待できる。

　　②**仮想的教示**…学習内容について，それを知らない人に教示するつもりで説明させる。これにより，自らの理解の状態が明確になるとともに，効果的なメタ認知的モニタリング

の具体的方略が獲得できる。

③**教訓帰納**……問題を解いた後になぜはじめは解けなかったのかを自らに問うてみる。これにより，自分に欠落していた知識や犯しやすいミスなど，注意すべき自分自身の認知の特徴を見出し，次はそうしないよう意識させられる。

こうした方法は，メタ認知能力を高める具体的で有効な方法だといえる。また，個別の指導だけではなく，一斉授業の中でも導入可能であることから，その有用性は高い。

（3）動機づけの自己調整能力の育成

前述のように，子ども達はすべての学習内容に対して内発的に動機づけられるとは限らない。そこで，動機づけについても自己調整できることが望まれる。**表7−1**でみたように，中学生でもさまざまな動機づけを高めるための自己調整を行っている。動機づけの面での自己調整能力を育成するためには，先のメタ認知についてと同様に**表7−1**のような自己動機づけ方略のレパートリーを紹介し，それぞれの方法を実際に試させることで，有効な動機づけの自己調整が可能になると考えられる。

例えば，「Ⅳ　内容方略」の「自分のよく知っていることや興味のあることと関係づけて勉強する」に関連して，ある大学生は高校生のときに歴史の学習で歴史上の人物に好きな俳優を当てはめ，教科書や参考書の内容に沿いながらオリジナルの脚本を書いて学習したため，歴史の学習が楽しみながらできたという。彼女の学習方略は，学習内容の理解や記憶にとって効果があるだけでなく，自己動機づけの方法としても優れたものである。教師がこうした自己調整的な学習法を他の生徒たちに紹介することで，それを自分の学習方略として取り入れたり，自分自身で

新たな学習方略を考えようとしたりする者が現れることが期待できる。

　ところで，先にジマーマンが見通し段階で行われる自己調整の1つに適切な目標の設定を挙げていたように，学習に関連する目標をどのように設定するのかによって，自己動機づけの程度は異なる。現在取り組んでいる学習課題について「一生懸命に頑張ろう」といった抽象的な内容よりも，「15分で1ページやろう」といった具体的目標が，また一週間先までに達成すべき長期的な目標をもつよりも，その日に達成すべき直近の短期的目標の方がそれぞれ動機づけを高めるという。さらには，等しく直近の短期的目標でも，長期的な目標と階層的に結びついている場合には，動機づけに及ぼす効果はより高くなる可能性があるという（中谷，2012）。

　目標については，この他にも自己効力感に関連して，頑張れば達成可能な目標，すなわち自分にとって難易が適切な水準の目標を設定できることも，自己動機づけには必要である。このように，適切な目標を自分で設定できることも自己調整学習能力の一部である。

　これまでの学校教育では自己調整学習の能力が直接的に俎上に載せられることは少なかった。しかし，この章でみてきたように自律的な学習者の育成には必要なことであり，自己調整学習という観点からの直接の教育的な働きかけについて考えていくことも今後必要になろう。

学習課題

1　あなたのもつメタ認知的知識のなかから，理解に関するメタ認知的知識と記憶に関するメタ認知的知識をそれぞれ3つずつ挙げてみよう。

2　**表7-1**を参考に，あなたが学習や仕事で実際に行っている動機づ

けの自己調整法を挙げてみよう。

3　あなたが中学生や高校生の時に英単語をどのように憶えたか思い出
　してみよう。そして，どうしてその方法で憶えようと思ったか考えて
　みよう。同様なことを他の人にも尋ね，自分との違いを比較してみよ
　う。

引用文献

Brown, A. L. (1978). *Knowing when, where, and how to remember: A problem of metacognition.* In R.Glaser (Ed.) *Advances in instructional psychology Vol.1* (pp.77-165). Hillsdale: Lawrence Erlbaum Associates, Inc.

Ghatala, E. S., Levin, J. R., Pressley, M., & Lodico, M. G. (1985). Training cognitive strategy-monitoring in children. *American Educational Research Journal, 22,* 199-215.

市川伸一 (1993). 学習を支える認知カウンセリング　ブレーン出版

市川伸一 (1995). 学習と教育の心理学　岩波書店

伊藤崇達・神藤貴昭 (2003). 中学生用自己動機づけ方略尺度の作成　心理学研究, *74,* 209-217.

Markman, E. M. (1977). Realizing that you don't understand: A preliminary investigation. *Child Development, 48,* 986-992.

中谷素之 (2012). 動機づけ　自己調整学習研究会 (編) 自己調整学習―理論と実践への新たな展開へ― (pp.55-71). 北大路書房

西林克彦 (1994). 間違いだらけの学習論―なぜ勉強が身につかないか―　新曜社

Palincsar, A. S., & Brown, A. L. (1984). Reciprocal teaching of comprehension-fostering and comprehension-monitoring activities. *Cognition and Instruction, 1,* 117-175.

瀬尾美紀子 (2016). 仲間との協同による学習　自己調整学習研究会 (編) 自ら学び考える子どもを育てる教育の方法と技術 (pp.97-111). 北大路書房

Zimmerman, B.J., & Moylan, A.R. (2009). Self-regulation: Where metacognition and motivation intersect. D. J. Hacker, J. Dunlosky, & A. C. Graesser (Eds.).

Handbook of metacognition in education (pp.299-315). New York: Routledge.

Zimmerman, B., J. & Schunk, D. H. (2011). Self-regulated learning and performance: An introduction and an overview. In B. J. Zimmerman, & D. H. Schunk (Eds.), *Handbook of self-regulation of learning and performance.* (pp.1-13). Now York: Routledge.

参考文献

三宮真智子（編著）（2008）．メタ認知―学力を支える高次認知機能―　北大路書房

自己調整学習研究会（編）（2012）．自己調整学習―理論と実践の新たな展開―　北大路書房

8 | 教育評価の諸側面

進藤聡彦

《**目標＆ポイント**》「教育評価」と聞くと，多くの人にとってまず頭に思い浮かぶのは，学期末にドキドキしながら担任の教師から受け取った通知表（通信簿）ではないだろうか。しかし，教育評価は教師が通信簿をつけるためだけに行われるのではない。この章では，教育評価の目的や方法，また教育評価を行うために必要な測定の問題について考えていく。

《**キーワード**》 教育評価の目的，評価の種類，評価のための測定と方法，教育目標と評価

1. 教育評価の目的と対象

（1）教育評価の目的

　教育評価の目的は，大きく分けて4つある。第一に，学習者への学習結果のフィードバックである。第7章で取り上げたメタ認知的理解モニタリングに関連して，子ども達は学習した内容をどの程度理解しているのか，自分自身で必ずしも正確に把握できるわけではない。自分では理解しているつもりでも，不十分な理解に留まる場合がある。そこで，テストによって何が理解できていて，何が理解できていないのかの情報が提供される必要がある。そうした情報は，子ども達に次に何を勉強したらいいのかについて考える指針になる。

　第2に，教育評価は教師の授業の適否についての情報も与えてくれる。例えば，ある単元の授業が終わった後で，その単元についてのテストを

したところ，子ども達の成績がはかばかしくなかったとする。この場合，子ども達の勉強が足りなかったのかもしれない。しかし，その教師の教え方が十分なものではなかった可能性もある。後者のように授業の適否を吟味する資料を得るためにも教育評価は行われる。

　第3に，教育評価は学校教育法施行規則でその作成が定められた指導要録を作成するために行われる。指導要録とは子ども達の学習及び健康の状況などを記録した行政文書のことで，卒業後も一定期間の保存が義務づけられている。そして，進学や進級，転校の際にその子どもの情報として指導に役立てられたり，各種の証明に使われたりする。

　第4に，教育評価は児童生徒の保護者に子どもの学習状況などの情報を提供するために行われる。これは，子どもの教育は学校と家庭であたるものという考え方に基づき，評価によって得られた情報を家庭での教育の参考にしてもらうという目的をもつ。さらに，いわゆるコミュニティ・スクール（学校運営協議会制度）のような制度の下では，地域も子ども達の教育の当事者とみなされ，地域へも子ども達のようすを知らせることが必要になる。

　これらのうち，通知表は主に第1の目的と第4の目的のために作成されるが，その発行は法律などで決まっているわけではなく，校長の判断に委ねられている。

　評価の4つの目的は，いずれも子ども達の学習，発達に資するために行われる点で共通している。なお，より広く教育の場で行われる評価を教育評価ととらえれば，入試のような選抜のための評価も教育評価に含まれる。

（2）評価の対象

　一般に教育評価は，あらかじめ決められた目標にどの程度到達してい

るかを対象に行われる。したがって，目標と評価は不可分な関係にある。ガニェは，学習によって成果として得られる能力を「知的技能」「言語情報」「認知方略」「運動技能」「態度」の５つに分類している（Gagné, 1977）。これらはいずれも教科教育の目標となり得るものである。知的技能は，算数・数学の計算ができるとか，理科の法則を問題解決に適用できるといった能力である。言語情報は，学習した内容を言語化可能な形の知識としてもつことである。認知方略は，学習内容の理解や記憶が促進するように自らの認知を制御する能力であり，これまでの章で触れた記憶方略を含む学習方略やメタ認知的能力のことである。運動技能は，体育における泳ぎ方や逆上がりの仕方などの習得・上達を指している。また，技能という面に着目すると，音楽の楽器を演奏する能力や，美術（図画工作）のデッサンの能力なども含まれる。

　態度は，理科での自然への親しみや，音楽や美術での作品鑑賞の能力などである。

　ブルームらも教育目標の分類学（タキソノミー：taxonomy）で，教育目標を知識に関する「認知領域」，態度に関連する「情意領域」，技能に関連する「精神運動領域」に分類し，そのそれぞれについてサブカテゴリーを設定している（Bloom, Hastings, & Madaus, 1971）。このように目標と対応させてみると，教育評価の対象は多岐に渡ることが分かる。

　なお，我が国の小・中・高等学校では，「知識及び技能」「思考力・判断力・表現力等」「主体的に学習に取り組む態度」の３観点別に評価が行われる。

2. 評価の種類

（1）授業の過程に沿った評価

　ある単元の学習が始まる前には，その前提となる知識や技能が習得さ

れている必要がある。このことについては，小学校 5 年生の多角形の面積の学習を例に第 3 章で述べたように，ある単元の学習に必要な前提知識が習得されていないと，その単元の学習内容を理解することは難しい。そこで，単元の開始前に，その単元の学習に必要な前提となる知識や技能の習得状況を把握するために行われるのが「診断的評価」である。診断的評価によって，当該単元の前提となる学習内容の理解が不十分であることが分かれば，教師はその内容の復習から教え始めなくてはならない。

　また，一般に 1 つの単元の学習には，何時間かをかけた授業が行われる。その一連の授業が当初のねらい通りに進んでいて，子ども達が学習内容を理解できているかどうかを評価することも必要になる。というのは，単元の授業の途中で学習者がつまずいているようなことがあると，そこから先の内容の習得に支障をきたすからである。つまずきが確認された場合には，再度別の方法によって同じ授業内容を教え直すなど軌道修正が求められる。そのための評価が単元の授業の途中で行われる「形成的評価」である。

　さらに，単元の授業をすべて終えて行われるのが「総括的評価」である。総括的評価は単元の授業が全体として適切なものであったかどうかの評価である。総括的評価は，一般的には単元末テストや定期テストによって行われるが，教師にとってはその結果が不十分なものであれば，不十分な内容を補償するために再度，別の授業プランによる授業を行うことも考えなくてはならない。また，総括的評価を行うことで，次回同じ単元の授業をするときの改善の資料にすることもできる。

　子ども達にとっても，診断的評価，形成的評価・総括的評価の結果をフィードバックしてもらうことで，自身の学習状況を知ることができる。

　なお，上記では単元の授業の進行に即した３つの評価について説明したが，これらは教育活動の一定のまとまりが対象になるので，単元だけでなく，学期や学年を単位とした場合でも行うことに意味がある。

（2）基準の違いに対応した評価

　ある中学校の英語教師がいたとしよう。期末テストをしたところ，担当クラスの平均点は90点であった。その教師はクラスのすべての生徒が80点以上をとれるようにすることを事前の授業目標に定めており，大半の生徒がこの目標点に達していたため，上々の出来だと感じていた。このクラスのＡ君の成績は80点であった。クラスの真ん中よりは下位の成績ではあったが，普段英語が苦手で，それまでのテストでは50点くらいしかとれなかった。しかし，今回は一生懸命に勉強したため，高得点をとることができた。

　仮にＡ君の成績を５段階（１：一層努力を要する～５：十分満足でき，特に程度が高い）で評定するとしたら，どのように評定したらよいのだろうか。このとき，第１にクラスの平均点よりも低い得点で順位も真ん中よりも下位だから３以下にするという考え方がある。第２に先生が事前に目標にしていた点数に達しているので，３以上にするという考え方もある。

　さらには第３に，それまで50点くらいしかとれなかったのに，今回は80点もとれたのだから，その伸びを評価して高い評定をするという考え方もありうる。どの考え方が妥当なのだろう。

　第１の考え方は，ある集団の中でその個人の成績がどのような位置にあるのかによって決めようとするもので，他の子ども達との比較によって評価が行われる。いわば評価の基準は集団の他の子ども達の成績である。こうした評価を「相対評価」という。相対評価では，Ａ君はクラ

スの真ん中より下位の成績のため，３以下の評定となる。

第２の考え方は，あらかじめ定められた目標に到達しているかどうかを基準に評価しようとする。これを「目標準拠評価」という（「絶対評価」と呼ぶこともある）。Ａ君の場合，先生が目標としていた80点に達しているので３未満になることはない。目標準拠評価では，目標を大きく上回ればクラスの全員が５になることもあるし，逆に目標に達していなければ全員が１になってしまうこともある。

第３の考え方は，個人の成績の伸びの程度を重視しようとする。この場合の基準は，その子どものそれ以前の成績である。このような評価を「個人内評価」という。Ａ君の場合，それまではクラスの下位の成績で，先生の設定した目標にも届いていなかった。しかし，今回は大幅な成績の向上がみられたため，個人内評価では高成績であったと評定されることになる。

現在の学校では，学習指導要領が示す目標に照らして，その到達状況による評価を重視する観点から，指導要録において目標準拠評価が採用されている。ただし，入学定員が決められている高校入試や大学入試のような試験では，相対評価による選抜が行われるのが一般的である。また，個人差や個人の努力のような面を考慮しようとするときには，個人内評価の考え方を取り入れて教育活動に当たることも必要になる。

なお，学校教育では目標準拠評価の観点から「規準」と「基準」という２つの言葉を使い分けることがある。目標を規準として，規準に基づいて教師が実際に評価を行うときに，それを指標として用いることができるように具体化したものが基準である。基準を設けることで，ある目標（規準）について「～ができれば５，～までなら３」というように，達成の程度が具体的に把握できる（若林，2010）。

3. 評価と測定の方法

（1）評価の方法

　評価が行われるためには，判断の資料とするために，個々の児童生徒の知識，技能，態度などを測定する必要がある。測定方法にはいろいろなものがあるが，西岡（2010）は，測定法を単純か複雑かの次元と，筆記か実演かの2つの次元で分類し，**図8-1**のように整理している。

　一般的な学力テストでは，筆記による客観式の問題や自由記述式の問題が使われる。実技系の教科では体育の運動技能や楽器の演奏のような実演で測定することもある。**図8-1**にあるように多様な測定方法があ

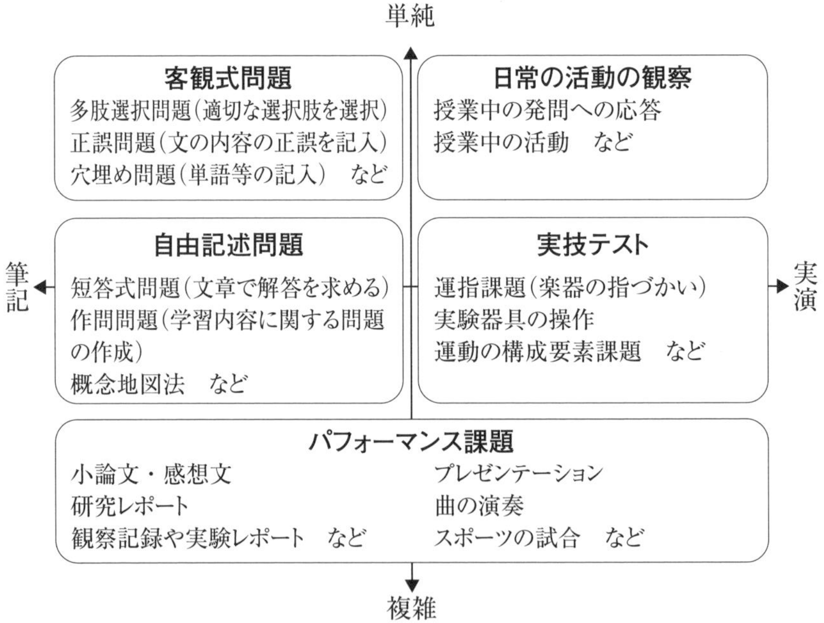

図8-1　評価のための測定方法（西岡，2010を一部改変）

り，授業中の教師の発問に対する回答（解答）なども評価のための資料にすることができる。

　なお，**図 8 - 1** の中の概念地図法とは，概念及び概念間を述語で結び，概念間の関係を図として描かせるもので，頭の中の知識構造が外在化されたものと考えることができる（Novak & Gowin, 1984）。このため学習内容の理解の状態が把握でき，評価の資料とすることができる（**図 8 - 2** 参照）。

　ところで，実際の活動を通して評価を行うことを重視するパフォーマンス評価という考え方がある。これは，学習内容によっては客観式の問題のようなペーパーテストでは測定できないものがあるという考えに基づく。山田（2017）は，パフォーマンス評価の特徴を以下の 4 つにまとめている。そして，パフォーマンス評価の対象になる課題の例が**図 8 - 1** のパフォーマンス課題である。

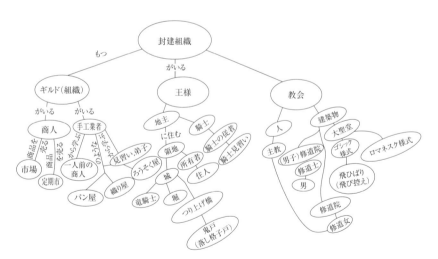

図 8 - 2　封建制度に関する 6 年生の概念地図（Novak & Gowin, 1984；福岡他（訳），1992）

①理科の植物の成長の観察のように長期に渡る学習活動を評価する

②現実との関連をもつという意味で，意味のある学習活動を設定し，それを評価する

③現実の生活での問題解決には，さまざまな知識や技能が必要なことが多い。そのような複合的な知識や技能を用いる課題によって評価する

④教えられた学習内容の再生ではなく，自らつくり出すことを重視する

　パフォーマンス評価と並んで近年一般的になっているのがポートフォリオ評価である。ポートフォリオとは，書類を挟むペーパーホルダーが元々の意味であるが，ポートフォリオ評価では自身の学習活動の経過が児童生徒に分かるような作品集，資料集のことを指す。また，ポートフォリオの対象になるのは，児童生徒によって生み出されたものだけではなく，彼（女）らの自己評価，教師の指導や評価の資料も含まれる。その特徴は，日常の学習活動の過程を記録することを重視しており，結果主義ではなく，過程主義であることである。また，学習活動の過程，または終了時に「ポートフォリオ検討会」が実施されることである（山口，2016）。ポートフォリオ検討会では，子どもと教師との対話によって，子どもは自身の学習状況を，また教師は自らの教育活動を評価的な観点から振り返り，両者の評価のすり合わせが行われる。その結果は次の目標の設定に役立てられる。

　パフォーマンス評価やポートフォリオ評価で評価の対象となるのは，内容の幅が広く，多様性に富むパフォーマンス課題に対する子ども達の成果である。この点で，客観式問題への解答のようには正誤が一意に決まらない。そうした性質をもつ資料で評価しようとするときに役立つのがルーブリック（rubric）である。これは何人かの子ども達の成果物を

サンプルに，観点ごとの達成度を数段階に分け，各段階の達成の程度を記述した基準を作成し，その基準に照らして，個々の子どもの達成度を評価しようというものである。**表8−1**は，米国の北西地域教育研究所が開発した作文のプレゼンテーションに関するルーブリックの例である。このようなルーブリックに基づいて子ども達に自身の学習活動がフィードバックされれば，パフォーマンス課題のような複合的な知識や技能が必要な課題に対しての改善の具体的な指針を与えることができる。また，教師にとっても自らの教育活動を具体的に評価できる。

（2）測定・評価の留意点

　上記のように，評価のための測定方法にはさまざまなものがあるが，それらの方法を採用するときに注意しなくてはならないのが，妥当性と信頼性についてである。妥当性は，テストのような測定の道具が測定したいものを本当に測っているかということであり，例えれば，身長を測るのに体重計を使っていないかといったことである。先に述べたように教科学習では，「知識及び技能」「思考力・判断力・表現力等」「主体的に学習に取り組む態度」の3観点別の評価が行われる。このうち，「知識及び技能」では，技能を実演させてみたり，学力テストを実施したりすることで把握できるため，その達成度は比較的容易にとらえられる。

　しかし，「主体的に学習に取り組む態度」については，どのように測定すればいいのかを決めづらい面がある。例えば，授業中の発言回数を指標にすることがある。しかし，発言回数は外向的か内向的かという性格特性の方がより強く反映しているとも考えられる。仮にそうだとすれば，「主体的に学習に取り組む態度」の測定の指標として発言回数を用いるのは妥当性に欠けるということになる。

　一方，信頼性は同じ児童生徒に同じ測定方法で測定を繰り返したと

表8-1　ルーブリックの例（河合　他，2003を改変）

	4　特に優秀	3　優秀	2　満足がいく	1　初歩的
内容	・主題に明確に関連する豊富な資料が使われている ・論点が明白ですべての事実が主題を裏づけている	・主題に関連した十分な情報がある ・多くの優れた点があるが，バランスに欠け，変化に乏しい	・主題との関連が明確でない情報が多量にある	・主題が不明確である ・主題に関連のない情報がある
論理的一貫性および構成	・主題が明確に述べられ，展開されている ・具体的な例が的確で主題を明確に展開している ・結論が明確である ・優れた構成である	・大半の情報が論理的順序に適って呈示されている ・概ね良く構成されているが，着想や表現手段の間の流れを良くする必要がある	・概念と着想の結びつきが希薄である ・明確な流れに欠ける ・展開・構成がぎこちない	・流れが悪い ・主題の展開が不明瞭である ・明白に論理的整合性に欠けている
創造性	・大変創造的な題材を呈示している ・意外性を最大限生かしている	・いくらか独創性が見られる ・多様性に富み，調和が取れた資料や表現手段がとられていた	・多様性に乏しい，もしくは皆無である ・呈示された題材が独創性に乏しいか，もしくは説明不足である	・多様性が乏しいか，皆無で繰り返しが多い
資料	・マルチメディア資料のバランスが取れた使用をしている ・主題の展開に適した使い方がされている	・マルチメディアの使用が多様性に乏しく，主題との関連性があまりない	・マルチメディア資料の使用がぎこちない ・表現手段の移行がスムーズでない ・マルチメディアが主題と関連していない	・マルチメディアの使用が乏しいかまったくない ・資料が多すぎるか不十分である
話術	・落ち着いた明瞭な発音をしている ・ほどよい声の大きさである ・自信をもって発表している	・明瞭な発音だが，あまり洗練されていない	・いくらか口ごもる ・表情が乏しいか無表情である	・声が聞き取れないか，大き過ぎる ・話し手に熱意が見られず一本調子
聞き手の反応	・発表に聞き手を巻き込んでいる ・終始聞き手の注意をとらえている	・事実に何らかの興味を引く「ひねり」を添えて呈示している ・聞き手の注意を大部分とらえている	・いくらかの関連する事実はあるが，論題から外れ，聞き手の関心を失った	・つじつまが合わない ・聞き手が関心を失い，発表の要点がつかめない
発表の長さ	・決められた時間の±2分以内である	・決められた時間の±4分以内である	・決められた時間の±5分以内である	・決められた時間の±10分以上オーバーか不足である

きに，同様の結果が得られるかという再現性の程度のことである。例え
ば，数学のテストを実施し，しばらくしてから再度同じテストを実施し
たとき，同じような得点になればそのテストは信頼性が高いといえる。
ただし，生徒の中には1回目のテストの後にその問題について復習する
者がいるといった理由で，現実には信頼性の検証は難しい。なお，客観
式の問題ではない場合には，採点者の違いによって結果が異なることが
ある。こうした場合の一貫性についても広義の信頼性に含めることがあ
る。

　次に，学級や学年などの集団のテスト結果の特徴を表す指標として用
いられることの多い標準偏差と，集団内での個人の成績の位置を表す指
標としてしばしば用いられる偏差値について触れておく。まず，個々の
子ども達の得点と全体の平均値との差を算出し（この値を平均からの偏
差と呼ぶ），この値が負にならないように2乗する。全員分の2乗した
値を合計し，子どもの数（データ数）で割ったものが分散である。つま
り，データ数を n，個々のデータ（子どもの得点）を x_i，平均値を $\bar{x}$ と
すると，下の左側の式で算出されるのが分散（s^2）である。偏差を2乗
しているので，右の式のように元に戻して正の平方根を算出したものが
標準偏差である。

$$s^2 = \frac{1}{n} \sum_{i=1}^{n} (x_i - \bar{x})^2 \qquad s = \sqrt{\frac{1}{n} \sum_{i=1}^{n} (x_i - \bar{x})^2}$$

　この式からも分かるように標準偏差は全体のデータがどの程度ばらつ
いているかの指標になる。

　また，個々のデータと平均値との差を標準偏差で割った値のことを z
得点といい，その集団での平均が50，標準偏差が10になるように z 得点
を10倍してから50を足した「z 得点 ×10＋50」で求められる値が偏差値
である。この値は平均値との差と点数のばらつきの両方を考慮している

ため，個人の成績がその集団の中でどの程度の位置にあるのかについて
のより詳細な情報を含む指標となる。

4. 教育目標と評価・指導の関係

　中学校の社会科の公民的分野では，私企業は利潤（利益）を追求する
存在であることが取り上げられ，教科書では「私企業の活動の目的は利
潤を得ること」と述べられている（五味ら，2012）。このことについて
生徒がどのような問題に答えられたら理解したといえるだろうか。具体
的に問題形式にして候補を列挙してみる（進藤，2016）。

　まず，「私企業の目的は（　　）である」という穴埋め式の問題に答
えさせてみたり，「私企業の活動の目的を次の選択肢から選べ」といっ
た問題を設定し，国民へのサービス・社会の進展・利潤の追求・国民の
幸福などといった選択肢を用意したりするといった問題もあり得る。し
かし，これらの問題には教科書の記述をそのまま暗記していても答えら
れるだろうから，理解しているかどうかについては議論の余地がある。

　一方，個々の企業名を挙げて，それぞれの企業活動の目的が何である
かを記述させるという問題もある。この問題に答えるには，個々の企業
の個別性は排除し，共通の目的である利潤の観点から推理する必要があ
るため，当該の知識を暗記するだけでは対応しにくい問題である。

　さらに，映画館に学割の制度があったり，固定電話に土日祝日や深
夜・早朝の閑散時割引があったりする理由を問うといった問題もありう
る（それぞれ正解は，他の客層に比して，学生は料金を割り引くことで
需要が増え，増収が期待できるから，および回線が空いている時間帯の
利用を増やし増収を図ろうとするから，である）。これらは，現実の社
会事象に当該の知識を活用しなくてはならない上に，「学生は経済的に
余裕がないから」とか「土日くらい友だちとゆっくり話ができるように」

といった経済学的には不適切な福利的観点からの解答がなされやすい問題である。そうした不適切な観点を離れて解答しなくてはならないため，より深い理解を問う問題だといえる。

　どのような問題を使うのかは，学習内容の理解をどの水準で子ども達に求めるのかという目標との対応で決まる。このように，目標と評価は一体であるし，目標を設定する際には評価の方法（問題）や達成基準についても同時に考えることも必要となる。いうまでもなく，授業内容も目標の違いに応じて異なるものになる。この点で，目標と指導，および評価は一体化されるべきものだということができる。

学習課題

1　社会の中で行われている相対評価と目標準拠評価による試験の例をそれぞれ 1 つずつ挙げてみよう。
2　あなた自身が受けてきた学校教育の中で，パフォーマンス課題にあたるものを列挙してみよう。
3　観点別評価の観点の 1 つである「主体的に学習に取り組む態度」について，どのような行動指標によって測定・評価したらよいのか考えてみよう。

引用文献

Bloom, B. S., Hastings, J. T., & Madaus, G. F. (1971). *Handbook on formative and summative evaluation of student learning.* New York：MacGraw-Hill, Inc.（ブルーム B. S., ハスティングス，J. T., & マダウス，G. F. 梶田叡一・渋谷憲一・藤田恵璽（訳）(1973). 教育評価法ハンドブック　第一法規）

Gagné, R. M. (1977). *The condition of learning*（3 rd Ed.）New York: Holt, Rinrhart and Winston.（ガニェ, R. M. 金子　敏・平野朝久（訳）（1982）. 学習の条件　学芸図書）

五味文彦・戸波江二　他47名（2012）. 新しい社会科　公民　東京書籍

西岡加名恵（2010）. 学力評価の方法の分類　田中耕治（編）よくわかる教育評価　第2版（pp.76-77）. ミネルヴァ書房

Novak, J. D., & Gowin, D. B. (1984). *Learning how to learn*. Cambridge：Cambridge University Press（ノバック, J. D., & ゴーウィン, D. B. 福岡敏行・弓野憲一（訳）（1992）. 子供が学ぶ新しい学習法―概念地図によるメタ学習―東洋館出版）

河合　久・斎藤道子・鳩貝太郎・岩崎久美子（2003）. 客観的な評価をめざすルーブリックの研究開発　平成13・14年度科学研究費補助金基盤研究（C）研究成果報告書

進藤聡彦（2016）. 教育における目標　自己調整研究会（監）自ら学び考える子どもを育てる教育の方法と技術（pp.23-39）. 北大路書房

若林身歌（2010）. 評価規準と評価基準　田中耕治（編）よくわかる教育評価（pp.26-27）. ミネルヴァ書房

山口陽弘（2013）. ルーブリック作成のヒント　佐藤浩一（編著）学習の支援と教育評価―理論と実践の協同―（pp.172-201）. 北大路書房

山田嘉徳（2017）. 教育活動を振り返るということ　田中俊也（編）教育の方法と技術（pp.151-172）. ナカニシヤ出版

参考文献

田中耕治（編）（2010）. よくわかる教育評価　第2版　ミネルヴァ書房

梶田叡一（2010）. 教育評価　第2版補訂2版　有斐閣

9 | 学級集団の特徴

谷口明子

《目標＆ポイント》 私たちは学校や社会の中でさまざまな集団とかかわりながら生きている。では，個人で活動するときと集団で活動するときの差はどこにあるのだろうか。一人なら絶対にやらないような行為を，集団になるとしてしまうことがあるのはなぜだろうか。昨今のいじめ問題を考えても，教育の場において，個としての人間理解だけではなく，集団を理解することがいかに重要であるかは疑う余地はない。本章では，学級集団の特徴及び集団の中の個人を理解することを目指して，学習を進める。

《キーワード》 集団の形成，準拠集団，ギャング集団，ソシオメトリック・テスト，いじめ

1．集団の形成

（1）誰と集団を作るか：集団を形成する要因

　人はなぜ集団をつくるのだろうか。例えば野球や合奏は一人ではできないし，かりにできてもつまらないことが多いだろう。集団を形成する理由のひとつは，二人以上の人間が集まることではじめて成立する活動があるからと考えられる。教育の場においても，学年，クラス，あるいは班や仲良しグループなど多様な形態の集団が形成され，子ども達はそれらの集団活動から多くのことを学んでいる。

　自発的に集団を形成するとき，われわれはそれなりにメンバーを選択している。集団を形成する際のメンバー選択の要因としては，次の4つが知られている。

　第1に，近接性が挙げられる。生活空間的な距離が近く，接触の機会が多い人とは集団を形成しやすい。同じクラスで席が隣同士の相手とは仲良しグループになりやすいことからもうなずけるだろう。基本的に近くにいるため，集団形成後も円滑なコミュニケーションが可能になることが多い。

　第2に，身体的魅力がある。自分が好ましいと思う人と同じグループになりたいと思うのは自然な心情であろう。この好ましいという感情が外見上の魅力と関連していることに異論はないだろう。

　第3の要因は，類似性である。「類は友を呼ぶ」の諺どおり，似た者同士は集団を形成しやすい。高校生などの仲良しグループのメンバーは，風貌や雰囲気などよく似ていることがある。対人魅力にもつながるが，似ている人同士はお互いに魅力を感じやすいし，衝突も少なく円滑な人間関係を保ちやすいのである。

　第4には功利性がある。自分にとって都合がよい，あるいは一緒にいると得がある人と集団を形成しようとする。

　学級内の仲良しグループの構成を考えても，同じ班のメンバーやご近所同士の子どもは学校内外で仲良く行動を共にしていることが多いし（＝近接性），校内スポーツ大会で優勝するなど特定の目標がある場合は目標達成に貢献してくれそうな人とチームを組みたい（＝巧利性）と考えるだろう。

　子どもの遊び仲間集団の形成に関しては，小学校低学年までは，近接性が大きく作用するので，席替えや班替えによって仲間集団が簡単に変わることが知られている。高学年以降になると，他者を見る視点がパー

ソナリティや能力などの内面的特性となるので，仲間集団の安定性は高くなる。しかし，集団の安定性は，集団間の壁を厚くするために，閉鎖的・排他的な集団が形成される可能性があり，いじめにつながることもある。

（2）どの集団にはいるか：既成集団への参加要因

　自発的に集団を形成するのではなく，既にある集団のうち，どの集団にはいるかを選択する場合の参加要因としては，次の3つが挙げられる。

　1つ目の要因として，集団の活動内容がある。学校でどの部活動にはいるかを選択するとき，テニスをやりたいならば，バスケットボール部ではなく，テニス部を選択するだろう。このように，参加集団の決定には，集団の活動内容が自分のやりたいことに合致しているかどうかは第1の要因である。

　2つ目の要因は，集団の活動目標である。上の例を考えるなら，友人づきあいをしながらテニスを楽しみたい人は，遊びの要素も含むテニスサークルに入部するだろうし，本格的に技術を向上させ試合で勝ちたいと思う人は，学校正規の体育会テニス部に入るだろう。参加集団が何を目指しているかも参加集団決定の要因となる。

　3つ目の要因として，その集団のメンバーであることの価値がある。例えば，社会人が超高級会員制テニスクラブへの入会動機として，テニス施設や指導方針とは関係なく，超高級クラブのメンバーであることそのものがセレブの証であり，ステイタスの勲章となるから入会を希望するということがあるだろう。このように，特定の集団のメンバーであることそのものが何らかの価値をもっている場合，それが参加の決定要因となることもある。

　われわれの進路選択時の学校選びも，典型的な既成集団への参加プロセスである。学校選びの際には，どのようなカリキュラムで教育活動を行っているのか，あるいはどのような部活動が行われているのかという活動の内容も考えるし，どのような教育理念をもち教育目標を掲げているのかという教育活動の目標にも目をむけるだろう。時には，その学校の一員であると言えば「すごい！」と思われるからその学校を選ぶということもあるだろう。

（3）集団の種類

　集団にはさまざまなものがある。われわれ個人は，通常複数の集団に所属しながら社会生活を送っている。ここで，集団の種類についてまとめておこう。

①所属集団と準拠集団

　所属集団とは，個人が現実に所属している集団のことである。一方，個人の行動や態度の拠り所となっている集団のことを準拠集団という。所属集団と準拠集団は，一般的には一致していることも多いが，ずれていることもあり，そのずれが不適応につながることがある。例として，帰国子女のことを考えてみよう。海外の学校の行動パターンや態度を帰国後も保持している帰国子女は，所属集団は日本の学校だが，準拠集団としてはかつて所属していた海外の学校ということになる。この場合，当の帰国子女本人は日本の学校に居心地の悪さを感じることになるだろう。転校生も同様である。帰国子女や転校生等の環境移行を経験する個人の適応プロセスとは，ある意味，もといた学校から，現在所属する学校へ準拠集団が移行する過程であると考えることもできるだろう。

②公式集団と非公式集団

　公式集団（フォーマル集団）とは，メンバーと非メンバーの境界が明

確であり，客観的な組織体系をもつ集団のことである。学校や学級など
は公式集団の例であり，メンバーの自由意思による集団間の移動は簡単
ではない。それに対し，友情などのメンバー間の自発的な心理的つなが
りによって形成される，客観的組織体系をもたない集団を非公式集団
（インフォーマル集団）という。学級内の仲良し女子グループがその例
である。非公式集団においては，メンバーと非メンバーの境界もさほど
明確でも厳密でもなく，メンバーの入れ替わりも比較的柔軟に行われ
る。

③異年齢集団と同年齢集団

　集団を構成するメンバーの年齢構成による区分である。異なる年齢の
メンバーから構成されているのが異年齢集団であり，同年齢のメンバー
から構成されているのが同年齢集団となる。学校の場では，学年や学級
など同年齢のメンバーから集団が構成されることが圧倒的に多い。しか
し，きょうだい数の減少や地域コミュニティの崩壊による異年齢の子ど
もとの接触の少なさを補うために，近年，異年齢集団による活動を組み
入れた教育活動も意図的に行われている。年齢の異なる子ども達と接す
る中で，同年齢集団では見られないような，教えたり教えられたり助け
たり助けられたりという経験から子ども達が学べることは数多くあるだ
ろう。

④ギャング集団

　児童期中期の特に男子にみられる，同年齢の子ども達で形成される結
束の強い集団を，ギャング集団と呼ぶ。ここから，児童期中期をギャン
グ・エイジと呼ぶこともある。ギャング集団という呼称の由来は，この
時期の子ども集団が，放課後などに徒党を組んでイタズラをすることが
よくみられることにある。小学校中学年の少年たちが集団で近所の家の
柿の実をとろうとして家主さんに叱られて逃げる……というような古典

的なイタズラのイメージである。こうしたギャング集団における行動を通した仲間関係や遊びの経験が，子どもの発達を促すことも指摘されてきた。しかし，昨今，地域の安全管理上の問題や習い事などによる子ども達の多忙化により，ギャング集団が消失しつつあることが指摘されており，子どもの発達への影響が懸念され続けている。

2. 集団の機能

（1）集団規範と集団圧力

　集団が形成されると，そのメンバー間に共有される一定のルールができる。そして，そのルールを守るのが正しく，守らない場合には何らかの罰がもたらされるというように，ルールが行動の正邪の判断基準として機能するようになる（古畑，1975）。このようなルールを集団規範という。この集団規範には，規範から逸脱しないようにメンバーの行動を規制する力がある。集団規範を守るようにメンバーに加えられる力のことを集団圧力と呼んでいる。集団規範は，法律や校則のように成文化されていることもあるが，暗黙のルールとして成文化されていなくても，心理的に強い拘束力をもつことも多い。

（2）集団の中の個人

　「赤信号　みんなで渡ればこわくない」というジョークが一頃流行したが，一人ではできないことも，集団ならできることがある。このように，集団になることにより，個人の行動は変化する。周囲につられていつも以上にてきぱきと仕事をこなすなど，単独作業よりも集団で作業した方が，課題遂行が促進されるという現象を社会的促進と呼び，逆に集団になることで課題遂行が阻害されることを社会的抑制と呼ぶ。一般に，簡単な課題の場合は，集団で行う方が課題遂行は促進され，難しい場合

には，逆に阻害されることが知られている。

　また，独唱の時は大きな声で歌うのに，合唱になると口パクの子ども
が何名かでるというように，集団になると個人の作業に手抜きが生じる
現象を社会的手抜きという。社会的手抜きは，集団になることによって，
個人の作業量が特定されにくくなることから責任が分散され，生起する
と考えられている。

3. 学級集団

（1）学級集団の特徴

　従来指摘されてきた集団の基本的特徴としては，1）共通の目標があ
り，その達成のために成員間に相互依存関係があること，2）成員の個
人的欲求が満足されていること，3）成員間に長期にわたる相互作用が
あること，4）役割と地位の分化があること，5）共通の価値基準があ
ること，6）集団所属性がアイデンティティの感覚を与えること，7）
われわれ意識など全体の一体性の認知があること，の7点が挙げられる
（吉田，2009）。このような集団の特徴を踏まえて，学級集団の特徴を考
察してみると次のようになるだろう。

　学級集団は，児童生徒の認知的・人格的発達を基本目標としており，
教師－生徒間，あるいは子ども同士の活発な相互作用を含む活動を展開
している。こうした学級集団活動を通して，ルールの理解や協調性獲得
など，児童生徒の社会化が促進される。しかし，学級集団における活動
は，学習指導要領に代表されるように，学習されるべき内容・指導方法
として規定されていることが多いことも特徴である。

　学級集団には，友人関係を求める児童生徒の親和欲求を満足させ，安
心感を与える機能がある。他に集団への所属欲求・自尊の欲求・自己実
現の欲求など，多様な欲求をも充足させる場ともなり得る（島，1986）。

　学級集団は，基本的にはそのメンバーが編制当初から変わらず，通常
1年ないし2年間継続する境界の明瞭な集団である。学級集団は，年
齢・居住地などの条件により構成された学校集団内において，児童生徒
の意思とはかかわりなく強制的に編成された公式集団である。

　学級集団内においては，担任教師がリーダーとして学級運営にあたる。
児童生徒内のリーダーや子ども集団内の社会的地位分化が自然発生的に
生まれることもあるが，委員や係など人為的な役割分化がなされること
もある。

　学級集団内では，学校全体の規則である校則を前提として「クラスの
きまり・目標」が掲げられることも多く，してはならないこと・すべき
ことなどの暗黙の行動規範が共有されている。こうした暗黙のルールや
目標の共有を通して，学級集団メンバーには，「1年3組の山田です」
との自己紹介に見られるような，集団の一員としての自己定義である社
会的アイデンティティが形成され，同時に「うちのクラス」としての一
体感も共有されるようになる。

　以上より，学級集団は，その編成や集団目標・活動内容において，成
員メンバーの意思によらない制度的規定を強く受けている公式集団であ
りながらも，同時に，成員メンバー相互の心理的交流や親密な関係性が
その活動を支えている点では，非公式集団の要素も多分にもち合わせた
集団であるといえるだろう。

（2）学級集団構造化のプロセス

　入学当初やクラス替えの直後は，学級はばらばらの個人の寄せ集めで
まとまりはない。しかし，日を追うに従い，学級としてまとまってくる
ことが多い。田中（1975）は，学級集団の発達を，次の7つの段階によ
ってとらえている。

①**さぐり**：新しい学級になったばかりの時期であり，子ども達が，期待と不安，緊張の中で他の子ども達を観察し，どのような行動や態度をとればいいか，自分が何を期待されているのかを考えている段階。

②**同一化**：学級が落ち着きはじめると，まず二者関係が成立し，徐々に仲間関係が拡大していく。個人差はあるが，子ども達が，学級への所属意識をもちはじめ，相互がうちとけあい，集団内での安定感が増してくる段階。

③**集団目標の出現**：共通の目標が明確になり，学級への所属感が強まる段階。相互の結びつきが意識されはじめ，個人の私的目標はコントロールされる。

④**集団規範の形成**：一人一人の行動を規制するさまざまな規範が生じる段階。集団規範の成立によってわれわれ意識が育ってくる。

⑤**内集団－外集団的態度の形成**：われわれ意識が高まり，学級集団としてまとまってくる段階。同時に，自分の仲間とそれ以外の人とを区別する態度が発生し，他の学級集団に対して激しい排他的傾向が示されることもある。

⑥**集団雰囲気の発生**：その学級独特の雰囲気ができはじめる段階。集団メンバーに共通の感情表現形式や反応傾向がみられるようになる。どのような学級雰囲気が生成されるかには，担任教師の態度や人格が大きく影響するといわれている。

⑦**役割と地位の分化**：子ども達の集団内地位が確定し，役割分化が起こり，集団が組織的になる段階。地位の階層が形成されはじめ，人間関係の構造化が起こる。

（3）学級集団構造の理解

学級集団を理解し，学級経営を円滑に行っていくためには，学級集団

内の人間関係を把握することが重要になる。集団内の人間関係を把握するために用いられる質問紙にソシオメトリック・テストがある。これは、集団メンバー間の選択と排斥の頻度と相互性などから集団構造を理解しようとするものである。具体的には、グループ学習や席替えなどで一緒のグループになりたい子（選択）と一緒になりたくない子（排斥）を記入してもらい、その結果をソシオグラム（**図9-1**）にまとめることで、学級内の非公式集団の構造や、人気児（多くの子どもから選択される子ども）・排斥児（多くの子どもから排斥される子ども）・孤立児（誰も選択しようとしない子ども）・周辺児（相互選択がない子ども）の存在を明らかにすることができる。

　図9-1は、中学1年生女子を対象にして繰り返しソシオメトリック・テストを行った結果から、1学期間における人間関係の変化をとらえたソシオグラムである（大橋・鹿内・林他，1981）。時を経るにつれ、仲間関係がまとまっていくプロセスがよく分かるだろう。

　ソシオメトリック・テストは、それまで特に意識されていなかった、一緒になりたくないクラスメートの存在を子どもに意識化させてしまう危険性を伴うという倫理上の問題があることから、昨今では一緒になり

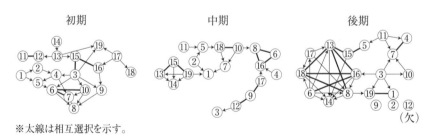

※太線は相互選択を示す。

図9-1　ソシオグラムの例（大橋ら，1981）
学級集団（中学1年生女子）における対人関係の構造の変化

たい子ども（選択）だけを尋ねるという形式で施行される。

　集団内の人間関係を把握する方法には，ソシオメトリック・テスト以外にも，「クラスで最も責任感のある子は誰でしょう」といった行動に関する質問に答えてもらうことで，子どものクラス内での評価を理解する方法であるゲス・フー・テストがある。

4. 学級集団に関連する今日的課題

（1）いじめ

　学級集団の課題としてまず浮かぶのは，いじめ問題であろう。2011年に起きた大津のいじめ事件を受けて2013年にはいじめ防止対策推進法が制定・施行されたが，依然として痛ましいいじめ事件は後を絶たない。

　いじめの定義は時代によって変遷しているが，1対1の対立ではなく集団対個の関係性の問題といえるだろう。森田・清永（1994）は，いじめ集団を四層構造としてとらえ，直接的な加害者・被害者以外にも，いじめをおもしろがって見ている観衆や見て見ぬふりをする傍観者もいじめ集団を構成すると唱えた。また，昨今のいじめの特徴として，特定の子が長期間いじめられるのではなく，短期間にいじめのターゲットが変わることが挙げられており，子ども達はいつ自分が集団からターゲットにされるか分からないという不安の中で，学級集団へ同調的にふるまわざるを得ないともいわれている。

（2）スクールカースト

　いじめの背景には学級内の集団の地位が関係している。森口（2007）や鈴木（2010；2012）は，学級集団内に形成される人間関係の固定化された序列構造を，インドの身分制度になぞらえてスクールカーストと呼んだ。学級内は，1軍・2軍……やAチーム・Bチーム……等のグルー

プに厳然と分かれており，グループ間の交流やメンバーの移動は基本的にはない。上位グループメンバーの特徴は学力やスポーツ・芸術等の特技ではなく，高いコミュニケーション力と容姿であるとされる。自己主張と同調がうまい華やかな上位グループが学級集団全体を仕切り，下位グループに所属する子どももいじめのターゲットになりやすいとされている。

学習課題

1　学校という場における集団が子ども達個人に及ぼす影響についてまとめてみよう。

2　自分の小学校・中学校・高等学校時代の学級にスクールカーストはあっただろうか。また，あったとしたら上位グループ・下位グループのメンバーにはどのような特徴があったのか，考察してみよう。

3　いじめ対策として学校ができること・すべきことは何だろうか。友人たちと話し合ってみよう。

引用文献

古畑和孝（編）（1975）．人間関係の社会心理学　サイエンス社

吉田富二雄（2009）．集団と個人　吉田富士雄・松井豊・宮本聡介（編著）　新編社会心理学改訂版　福村出版　206-226

森口　朗（2007）．いじめの構造　新潮社

森田洋司・清永賢治（1994）．いじめ—教室の病い　金子書房

大橋正夫・鹿内啓子・林　文俊・津村俊充・吉田俊和・平林　進・坂西友秀・小川浩（1981）．中学生の対人関係に関する追跡的研究（4）　日本心理学会第45回大会発表論文集，771.

鈴木　翔（2010）．「スクールカースト」とは何か？：首都圏の公立中学生を対象と

した質問紙調査の分析から　日本教育社会学会大会発表要旨集録，62，196-197.

鈴木　翔（2012）．教室内（スクール）カースト　光文社新書

田中熊次郎（1975）．新訂　児童集団心理学　明治図書

参考文献

鈴木　翔（2012）．教室内（スクール）カースト　光文社新書

本間知巳（編）（2008）．いじめ臨床　ナカニシヤ出版

蘭　千壽・古城和敬（編）（1996）．教師と教育集団の心理　誠信書房

10 | 教師の役割と影響

谷口明子

《目標＆ポイント》 教育現場をめぐる諸問題の深刻化を背景に，教師に求められる役割も多様化し，その専門性向上の必要性が以前にも増して叫ばれている。本章では，教師をめぐる状況と教師に求められる資質能力とはどのようなものかを学び，教師の新しい役割について考えていく。
《キーワード》 ピグマリオン効果，リーダーシップ，チーム学校，教師のメンタルヘルス

1. 教師の仕事

　教師の仕事としてすぐに思い浮かぶのは，授業を通して勉強を教えることであろう。授業において教師は，教育的意味のある授業運営を円滑に進めるためのアクターとしての役割，児童生徒の実態を踏まえつつ授業のねらいの達成のために内容・方法・教材を組み立てていくデザイナーとしての役割，そして，実践の意味や成果をねらいに基づき解釈し次の活動へ活かしていくエバリュエーター（評価者）としての役割の3つの役割を，相互に関連づけながら果たしている（吉崎，1997；鹿毛，2006）。

　しかし，教師の仕事は，授業に関連することだけではない。生徒指導，部活動の指導，校内分掌の仕事，会議，書類仕事，保護者対応，地域との連携……あらためて数え上げると，きりがないほど多様な仕事を教師が担っていることに気づくだろう。藤田・秋葉・油布・酒井（1995）は，

教師の職務内容にアプローチするために，ある教師の仕事場面に密着して記録をとるというスタイルの調査を行った。結果として，教師の仕事が授業以外に多様な内容の業務を同時並行的に遂行していること，同僚との協働作業が多いこと，書類書き等デスクワークの比重がそれなりに高いことを見出している。

　このように教師の仕事は多岐にわたっているが，教師の仕事の中核は，子ども達との直接的かかわりを通してその育ちを支援することである。知的発達の促進や身近なモデルとしての機能以外にも，教師は意識的・無意識的に子ども達の育ちにさまざまな影響を与えている。

2.　教師が与える子どもへの影響

（1）教師期待の効果

　ローゼンタールとジェイコブソン（Rosenthal, R. & Jacobson, L., 1968）は，ある小学校で知能検査を行い，無作為に選択した特定の子どもについて成績向上の可能性が高いという結果が出たと伝えたところ，その後実際に選択された子ども達の知能検査成績が向上したという結果を報告している。背景として，教師が伝えられた知能検査の結果を信じて「この子はきっと成績が向上するはずだ」という期待をこめた対応をし，子ども達も教師からの期待を察知して学習意欲が上がり，結果として成績向上につながったことが主張されている。このような，教師が期待する方向に児童生徒の学業成績や学級内行動が変容する教師期待効果は，ピグマリオン効果と名づけられた。

　児童に対する教師の期待が児童の学業成績の原因帰属に及ぼす影響を検討した古城・天根・相川（1982）は，ピグマリオン効果のような教師の期待が実現する自己成就的予言機能ではないが，子ども達への評価に対する教師期待の効果の存在を示唆している。古城ら（1982）の研究で

は，教師からの期待が高い児童の高成績は内的要因（能力や努力）に，低成績は外的要因（テストの困難度や運）に帰属され，教師は自らの期待の方向性に沿うように児童の行動を評価することが明らかにされている。教師の期待が教育活動に影響を及ぼし，子ども達に伝わっていく可能性を否定することはできないだろう。

（2）教師のリーダーシップ

　教師は個々の子どもとかかわるだけではなく，集団としての学級のリーダーでもある。どのような学級になるかには，教師のリーダーシップのあり方が関連するといわれている。

　社会心理学のリーダーシップ行動論においては，専制型・民主型・放任型の3つのタイプのリーダーに率いられた小集団の課題への取り組みから，リーダーシップの集団への影響が検討されている（Lewin, White & Lippitt, 1939）。専制的リーダーのもとでは，集団の攻撃性が高まる一方，リーダーに対しては依存的・受動的な態度となり，作業能率はリーダーがいるときのみ高く，いないところでは低いことが示されている。一方，民主的リーダーのもとでは，仕事への動機づけが高まりメンバー間の関係も友好的で，作業能率もリーダーの在不在にかかわらず高いことが，放任的リーダーのもとでは，集団の仕事への士気は低く，作業の質量ともに低下したことが報告されている。

　リーダーのあり方が集団の生産性や集団内の人間関係にも大きな影響力をもつことを示したレヴィンら（1939）の研究を，我が国において追試した結果，士気（＝モラール，やる気）と成果の質においては民主的リーダーの集団がすぐれ，成果量に関しては専制的リーダーの集団が多いことが指摘されている。また，課題が容易である場合は，民主的リーダーの方がよく，困難な課題である場合は専制的リーダーがよいことも

表10-1　中学校学級担任教師のリーダーシップ行動（三隅・矢守，1989）

P行動	M行動
① 決められた仕事（日直・掃除等）をきちんとするように言う。	① 先生と気軽に話すことができる。
② 校則を守るように厳しく注意する。	② 先生に親しみを感じる。
③ 不正行為（カンニング・喫煙等）がないように厳しく注意する。	③ 授業時以外に生徒と遊んだり，話したりする。
④ 家庭への連絡のプリントを家人に見せるように言う。	④ 生徒の気持ちを分かる。
⑤ クラスのみんなが協力するように言う。	⑤ カッとなってしかる（反転）。
⑥ 社会の出来事に関心をもつように言う。	⑥ 皮肉っぽくしかる（反転）。
⑦ 放課後，休日などの過ごし方について注意する。	⑦ 成績や行いを他の生徒と比べる（反転）。
⑧ 家でしっかり勉強するように言う。	⑧ えこひいきをせずに生徒を公平に扱う。
⑨ 授業中，私語をしないように厳しく注意する。	⑨ クラスの問題，もめ事などを生徒と一緒に考える。
⑩ 授業中，授業に集中していない生徒を厳しく注意する。	⑩ 冗談などをまじえて楽しい授業をする。
⑪ ノート，教科書などの忘れ物を注意する。	⑪ 生徒が内容を理解しているかどうか考えながら授業する。
⑫ 定期テスト以外に小テストをする。	⑫ 生徒が分からないときは授業時間以外でも教える。

見出されている（三隅・吉崎・篠原，1977）。教師という特殊なリーダーのあり方について，民主的であるほどよいと言い切ることはできないが，こうした社会心理学の知見から示唆されることは多いだろう。

　機能面に着目したリーダーシップ理論に，集団におけるリーダーシップを，目標達成機能（performance function ＝ P 機能）と集団維持機能（maintenance function ＝M機能）の2つの次元でとらえる PM 理論がある。**表10-1**は，PM 理論を中学校における担任教師に当てはめて考

えたリーダーシップ行動尺度である（三隅・矢守，1989）。児童生徒の学習活動を促進したり，生活上のしつけを行ったりすることがＰ機能を有する教師行動である。一方，児童生徒一人一人の気持ちや学習進度に配慮し，公平に対処して児童生徒の緊張解消に努めることがＭ機能を有する教師の行動となる。三隅・矢守（1989）は，この２つの次元に基づき，ＰＭ両機能とも強いＰＭ型，Ｐ機能が強くＭ機能が弱いＰm型，Ｐ機能が弱くＭ機能が強いｐM型，両機能とも弱いpm型に教師を分類し，学級の「授業満足度・学習意欲」「学級への帰属度」「学級連帯性」「生活・授業態度」について検討している。その結果，すべてにおいて，ＰＭ型が最も高く，pm型が最も低く，Ｐm型は「学級への帰属度」「生活・授業態度」についてはＰＭ型に次いで高いが，逆に，ｐM型は「学級連帯性」「授業満足度・学習意欲」においてＰＭ型に次いで高いということが明らかになっている（図10−1）。

　学級集団のリーダーとしての教師は，学級集団内の児童生徒の人間関係を十分把握した上で，学習や人格形成という目標達成に関する機能と集団の維持に関する機能とを同時に遂行することが求められているのである。教師のリーダーシップが集団としての子ども達に与える影響もまた，大きいことを忘れてはならない。

（3）学級風土

　「Ａ組は明るいクラスだけれども，Ｃ組は真面目なクラス」のように，各学級には全体的な雰囲気がある。このような雰囲気は，学級雰囲気または学級風土と呼ばれている。本書では学級風土という用語に統一する。

　学級風土に及ぼす教師の影響力を検討した三島・宇野（2004）は，学級風土と強い関連性をもつ教師の要因として，教師の受容・共感的な対

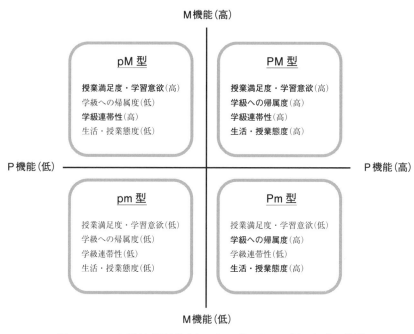

M機能(高)

pM 型

授業満足度・学習意欲(高)
学級への帰属度(低)
学級連帯性(高)
生活・授業態度(低)

PM 型

授業満足度・学習意欲(高)
学級への帰属度(高)
学級連帯性(高)
生活・授業態度(高)

P機能(低)　　　　　　　　　　　　　　　　　　　　　P機能(高)

pm 型

授業満足度・学習意欲(低)
学級への帰属度(低)
学級連帯性(低)
生活・授業態度(低)

Pm 型

授業満足度・学習意欲(低)
学級への帰属度(高)
学級連帯性(低)
生活・授業態度(高)

M機能(低)

図10-1　中学校担任教師のリーダーシップタイプの特徴

応や親近感がもてる特性，及び客観的な視点からの対応，教師の自信の
ある態度を挙げている。特に，客観的な対応と自信のある態度は，学級
集団形成当初にはあまり影響力はもたないが，学年が終わるころには子
どもがお互いを認め合う学級風土形成に大きな影響力をもつことが指摘
されている。子ども同士がお互いを認め合うという雰囲気が「いじめ」
「不適応」「学級崩壊」などと関連することを勘案すれば，こうした教師
の態度の重要性にあらためて着目したいところである。

　このように，受容的な学級風土が子どもの学校生活を支える上で大切
であることは確かだが，暖かい情緒的な雰囲気ばかりを追求する学級で

は学力向上や学習目標の達成はみられなかったとの報告もある（栗山，1992）。子どもの実態を踏まえた統制と受容のバランスが肝要となることがうかがわれる。

3. 教師に求められる資質能力

（1）教師をめぐる状況

　教師の役割は質量両面において拡大を続けているが，背景には次のような教師をめぐる状況の変化が指摘されている（中央教育審議会，2006）。

　まず，社会構造の急激な変化がある。知識基盤社会の到来やグローバル化，情報化，社会全体の高学歴化等がかつてないスピードで進んでおり，既存知の継承だけではなく，未来知を創造できる人材の育成が課題となった。こうした力を備え，たくましく生き抜く基礎を子ども達に育むべく，教師は高度な専門的知識・技能を身につけ，時代の変化を踏まえて常に向上し続けることが求められるようになった。

　第2に，学校や教師に対する期待が高まっていることが挙げられる。家庭や地域社会の教育力の低下を受け，従来家庭や地域が担ってきた教育機能が学校や教師に持ち込まれ，その責任が重くなってきている。

　第3には，学校教育における課題が複雑・多様化していることがある。子ども達の学習意欲低下や社会性・コミュニケーション能力の不足，いわゆるネットいじめを含むいじめや不登校・暴力等の問題，特別な教育的ニーズのある子ども達への支援，保護者や地域社会との連携のもとに社会に開かれた学校づくり等，多様な課題が学校に押し寄せている。

　加えて，かつては無条件に尊敬の対象であった教師に対する信頼は揺らぎ，同僚性の希薄化が進む中で教師たちは多忙を極め，退職者の増加に伴い教師の数と質を確保しなければならないという現状がある。教師

をめぐる状況は，かつてないほど厳しいものになっているといえるだろう。

（2）求められる資質能力

　教育は人間を対象とし，人格の完成を目指し，その育成を促す営みである。その責務を果たす上で，教師という職業に専門性が求められることはいうまでもない。

　前項で述べたような厳しい状況にある教師たちが，専門職として身につけるべき資質能力とはどのようなものなのだろうか。中央教育審議会（2015a）は，これからの時代の教師に求められる資質能力として，使命感や教育的愛情等，従来教師として不易とされてきた資質能力に加え，自律的に学び続ける姿勢をもち自らのキャリアステージに応じた資質能力を生涯にわたり高めていく力，適切な情報収集・活用能力，知識を有機的に結び付け構造化する力を第1に挙げている。第2に挙げられているのは，教育現場の新たな課題に対応できる力である。具体的には，アクティブ・ラーニングの視点からの授業改善，道徳教育の充実，ICTの活用，インクルーシブ教育システム（第14章参照）の構築理念を踏まえた特別な支援を必要とする児童生徒への対応等がある。第3には，チーム学校の理念のもと，多様な専門性をもつ人材と連携・協働する力がある。チーム学校における教師の役割については次項において触れるが，高度専門職業人としての教師に求められる資質能力は，以前にも増して高いレベルのものとなっていることがうかがわれる。

（3）「チームとしての学校」の中で求められる教師の役割

　中央教育審議会（2015b）は，我が国の教師たちの職務が幅広く多岐にわたっており勤務時間も長いこと，学校には諸外国と比して専門スタ

ッフの配置が少ないことを背景として，新しい体制として「チームとしての学校」（以下，チーム学校と略記する）を提案した。チーム学校は，専門性に基づくチーム体制の構築，及び学校のマネジメント機能の強化，教師一人一人が力を発揮できる環境整備の3つの視点に沿って学校改革を行い，家庭や地域・関係諸機関とも連携して子ども達の成長を支えていくというものである。

　チーム学校においては，教師はスクールカウンセラーやスクールソーシャルワーカー，学校司書，部活動指導員等の専門性を尊重しつつ，協働的に児童生徒支援を進めていくことが必要となる。リー（Lee, 1999/2015）は，教師のチームワークを成功させる技法として，(1)今後に期待をもつこと，(2)お互いのやり取りを促進するために前もって準備をしておくこと，(3)多様なものの見方を理解すること，(4)情報を集めるために質問すること，(5)人の話を聞くこと，(6)意図していることがきちんと相手に伝わるように明確に話すこと，の6つを挙げている。こうした技法とともに，教師たちは，学級のリーダー的な役割をとるだけではなく，チーム学校の一員として他職の専門性に従うフォロワーシップを身につけることも忘れてはならない。

4. 教師に求められるもうひとつの資質能力

(1) 疲弊する教師たち

　文部科学省は毎年「公立学校教職員の人事行政状況調査」を実施し，教職員の勤務状況を把握しているが，2007（平成19）年以来，精神疾患を理由として休職する教師数は5000人前後を推移している（**図10−2**参照）。この数値を多いと考えるか少ないと考えるかは難しいところであるが，2017（平成29）年度の教職員の病気休職者約7800人のうち5000人が精神疾患による休職であるという事実に鑑みれば，やはり深刻な事態

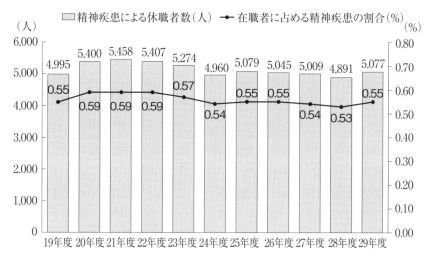

図10 - 2　教育職員の精神疾患による病気休職者数の推移
（平成19年度～平成29年度）　　　　　　（文部科学省，2018）

であるといわざるを得ないだろう。

（2）教師のメンタルヘルス

　では，何が教師たちを追い詰めているのだろうか。教師のストレスには，教育理念や指導方針の違いに起因する「教職員間の関係ストレス」，特に授業以外の雑務の多さに起因する「職務多忙ストレス」，努力が認められていないと感じる「評価懸念ストレス」，自分の指導方針に自信がもてず適性や力量に不安を感じる「職務不安ストレス」，不登校等問題行動のある児童生徒の指導がうまくいかないと感じる「問題行動に関するストレス」といった多様なストレスが存在する（若林，2000）。教師ストレスの原因としてはその多忙化が指摘されることが多いが，教師にとっては児童生徒・保護者・管理職・同僚との人間関係の方が多忙よ

りも危機を招きやすいとの指摘もある（新井，2014）。

　ストレスが高じて燃え尽きてしまうバーンアウトという現象も，教師にとって離職につながる大きな問題となっている。背景には，先に挙げたような職務内容や職場環境要因のみならず，学校内外の環境の歴史的な変化にかかわる要因，パーソナリティやソーシャルスキル等の教員個人の要因，そして「初任者でも一人前」，さらに教師の仕事にはこれだけやれば終わりという境界もないし，その範囲も無限に広がっているという，教師の仕事の「無定量性・無限定性」の教師文化に潜在する要因という多様な要因がある（落合，2009）。特に，教師文化の構造に関しては，仕事内容の「不確実性」や職務領域の「無境界性」とともに，教師が自らの実践を通して教師文化の再生産をしていく「再帰性」が指摘されている（佐藤，1994）。教師のストレスやバーンアウトは行政としても看過できないものとなっており，教育現場の働き方改革が進められているが（中央教育審議会，2019），多忙化のみならず，職場環境や教師文化といった多角的な視点から教師のストレスを考察する必要があると同時に，自らのストレスをコントロールする力も教師には必要である。

（3）教師のレジリエンス

　1950年代より，一般にはトラウマとなるような危機を経験してもその後適応的に生活する人の存在から，「レジリエンス」という概念が注目された。レジリエンスの概念的定義は統一されるには至っていないが，傷つきからの回復にかかわる個人のパーソナリティであり，生まれもった資質的側面と後天的に獲得可能な能力としての側面の2つから成るという考え方もある（平野，2015）。

　今，このレジリエンスを育むことが，教師たちには必要なのではない

だろうか。2017（平成29）・2018（平成30）年改訂の学習指導要領においては，「主体的・対話的で深い学び」の保障が謳われている。時代の要請とはいえ，キャリア教育，消費者教育，主権者教育，アクティブ・ラーニング，そして持続可能な社会づくりに貢献できる人材育成……と教師たちには次々と新たな課題が提示されている。予測不能な時代において，さまざまな新たな課題のもと教育実践を展開する教師たちにとって，ストレスにさらされつつもその都度回復し，職務を全うする「教師レジリエンス」（紺野・丹藤，2006；Day & Gu, 2013/2015）は，今後備えるべき新たな資質能力といえるだろう。

学習課題

1　他の職業と比べたときの教師の仕事の特殊性とは何だろうか。周囲と議論し，まとめてみよう。
2　「チームとしての学校」の意義をまとめ，チームの中で教師が果たすべき役割について考えてみよう。
3　教師のストレスや疲弊についてどのような対策が講じられているか調べてみよう。

引用文献

新井　肇（2014）．教師のメンタルヘルス：その実態と課題　児童心理（臨時増刊），990, 1-10.
中央教育審議会（2006）．今後の教員養成・免許制度の在り方について（答申）　文部科学省
中央教育審議会（2015a）．これからの学校教育を担う教員の資質能力の向上について～学び合い，高め合う教員育成コミュニティの構築に向けて～（答申）　文部

科学省

中央教育審議会（2015b）．チームとしての学校の在り方と今後の改善方策について（答申）　文部科学省

中央教育審議会（2019）．新しい時代の教育に向けた持続可能な学校指導・運営体制の構築のための学校における働き方改革に関する総合的な方策について（答申）　文部科学省

Day, C. & Gu, Q. (2013). *Resilient teachers, resilient schools: building and sustaining quality in testing times* Routledge（ディ, C. & グー, Q. 小柳和喜雄・木原俊行（訳）（2015）．教師と学校のレジリエンス：子どもの学びを支えるチーム力　北大路書房）

藤田英典・秋葉昌樹・油布佐和子・酒井　朗（1995）．教師の仕事と教師文化に関するエスノグラフィ的研究――その研究枠組と若干の実証的考察　東京大学大学院教育学研究科紀要，35，29-66.

平野真理（2015）．レジリエンスは身につけられるか：個人差に応じた心のサポートのために　東京大学出版会

紺野　祐・丹藤　進（2006）．教師の資質能力に関する調査研究：「教師レジリエンス」の視点から　秋田県立大学総合科学研究彙報，7，73-83.

鹿毛雅治（2006）．授業から学ぶ　秋田喜代美・佐藤学（編著）新しい時代の教職入門（pp.45-65）　有斐閣

古城和敬・天根哲治・相川　充（1982）．教師期待が学業成績の原因帰属に及ぼす影響　教育心理学研究，30，91-99.

栗山和弘（1992）．他者との相互交渉による学習．吉田甫・栗山和弘編著　教室でどう教えるかどう学ぶか――認知心理学からの教育方法論　（pp.181-195）　北大路書房

Lee, P. (1999). *Collaborative practices for educaors: Strategies for effective communication.* Peytral Publications.（リー, P. 石隈利紀監訳　中田正敏訳（2015）．教師のチームワークを成功させる6つの技法　誠信書房）

Lewin, K, Lippitt, R. & White, R.K. (1939). Patterns of aggressive behavior in experimentally created "social climates." *Journal of Social Psychology*, 10, 271-299.

三島美砂・宇野宏幸（2004）．学級雰囲気に及ぼす教師の影響力　教育心理学研究，52，414-425.

三隅二不二・矢守克也（1989）．中学校における学級担任教師のリーダーシップ行動測定尺度の作成とその妥当性に関する研究　教育心理学研究，37，46-54.

三隅二不二・吉崎静夫・篠原しのぶ（1977）．教師のリーダーシップ行動尺度の作成とその妥当性の研究　教育心理学研究，25，157-166.

落合美貴子（2009）．バーンアウトのエスノグラフィー――教師・精神科看護師の疲弊　ミネルヴァ書房

Rosenthal, R., & Jacobson, L. (1968). *Pygmalion in the classroom: Teacher expectation and pupils' intellectual development.* New York: Holt, Rinehart & Winston.

佐藤　学（1994）．教師文化の構造：教育実践研究の立場から　稲垣忠彦・久冨善之（編）日本の教師文化（pp.21-41）　東京大学出版会

吉崎静夫（1997）．デザイナーとしての教師 アクターとしての教師　金子書房

若林明雄（2000）．対処スタイルと日常生活および職務上のストレス対処方略の関係：現職教員による日常ストレスと学校ストレスへの対処からの検討　教育心理学研究，48，128-137.

参考文献

石村卓也・伊藤朋子（2017）．チーム学校に求められる教師の役割・職務とは何か　晃洋書房

三隅二不二（1978）．リーダーシップ行動の科学　有斐閣

高木　亮（2015）．教師の職業ストレス　ナカニシヤ出版

油布佐和子（2015）．現代日本の教師――仕事と役割　放送大学教育振興会

11 | 教育相談

谷口明子

《**目標＆ポイント**》　不登校やいじめ等学校がかかえる課題は深刻化・多様化しており，学校における教育相談の重要性は増す一方である。本章では，教育相談の基本的な考え方を確認した上で，傾聴をはじめとするカウンセリングの技法について，開発的取り組みを含めて学んでいく。

《**キーワード**》　共感的理解，傾聴，守秘義務，開発的教育相談

1. 教育相談とは

（1）教育相談とは

　教育相談は，子どもの成長を目指した教師による教育実践である。教育相談担当だけが相談室等の特別な場において行うものではない。すべての教師が，児童生徒それぞれの発達に即して，好ましい人間関係を育て，生活への適応や自己理解，人格的成長を援助するために，さまざまな機会において行うものである（文部科学省，2010）。

　2017（平成29）年告示の小学校及び中学校学習指導要領においても，主に集団の場面で必要な指導や援助を行うガイダンスと併せて，個々の児童生徒の多様な実態を踏まえ，一人一人がかかえる課題に個別に対応した指導を行う「カウンセリング（教育相談を含む）」の指導を適切に行うことが必要とされている。特に，小一プロブレムや中一ギャップといわれる学校種移行に困難をかかえる児童生徒の存在を背景として，入学当初の学校生活への適応を図ることが重視されている。

　教育相談というと，個別のカウンセリングのイメージが強いが，教育相談の基本的な構えと技法は，あらゆる教育活動の中に組み込まれ，児童生徒を支えているのである。

（2）心理教育的援助サービスとしての教育相談

　石隈（1999）は，コミュニティ心理学の考え方を基本として，学校における児童生徒を対象とする心理教育的援助サービスを3段階でとらえるモデルを提案している（**図11-1**参照）。

　一般的な教育相談のイメージにある，不登校・いじめ等の心理教育的援助ニーズをもち，個別の支援を必要とする子ども達を対象とする支援

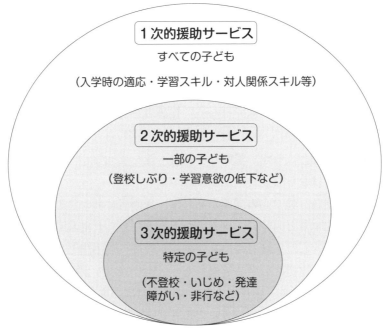

図11-1　3段階の心理援助的サービス（石隈（1999）を筆者が一部改変）

は，図中の3次的援助サービスに該当する。子ども達が自分を見つめなおし，自分の強みを活かしながら問題解決へ向かう援助が提供される。

　3次的援助サービスの対象ほど深刻かつ危機的な状況にあるわけではないが，学校に行くのを嫌がるようになった子どもや欠席が目立ちはじめた子ども，転校生等危機に陥る可能性が示唆される子ども達を対象とするのが2次的援助サービスである。早期対応することで問題の深刻化を未然に防止する予防的援助である。

　顕在化した困りごとのない子ども達にも援助ニーズはある。すべての子ども達の発達や教育上の課題遂行を支援するのが1次的援助サービスである。具体的には，前述した学習指導要領にもあるように，入学時の適応等多くの子どもが経験する困難を予測して危機を予防するための取り組みや，「特別の教科　道徳」や「総合的な学習の時間」「特別活動」におけるソーシャルスキル育成の取り組みが，例として挙げられる。

（3）保護者支援としての教育相談

　教育相談は児童生徒のみではなく，保護者を対象とすることも多い。教師にとって保護者は，時に対応が難しいと感じられることもあるが，保護者は敵対者どころか，協働して子ども達を支えるパートナーであることを忘れてはならない。

　子どもに問題行動や心の課題があれば，保護者はわがことのように心を痛めて心配すると同時に，自責の念と不安に駆られ混乱してしまうことも多い。こうした保護者の混乱が学校や教師への不信と攻撃として表現され，子ども支援における協働的なパートナーシップ構築を難しくすることもある。しかし，怒りや攻撃は願いと期待の裏返しともいわれる。学校や教師は表面的な怒りや攻撃に巻き込まれることなく，保護者もまた支援を必要とする存在であるとの認識のもとで向き合う必要がある。

　重要なのは，保護者支援が子ども支援につながることを意識し，問題解決に向けて協力しあう信頼関係を保護者との間に構築することである。そのためにも，教師や学校関係者は，保護者は相談の時に至るまで多くの場合最善を尽くしてきたであろうことを理解し，相談の場における「気が重い」気持ちに寄り添い，「学校と話ができてよかった」という気持ちをもって帰ってもらえるような相談の終え方を心掛ける必要がある。

2. 教育相談に活かすカウンセリングの技法

（1）基本的な構え

　カウンセリングとは，援助を求めている人々（以下，来談者とする）に対して，心理的コミュニケーションを通じて援助する人間の営みと定義される（佐治・岡村・保坂，2007）。援助者は，一定の訓練を通じて，来談者との間に望ましい固有な対人関係を確立する力量を備えていることが要請され，来談者の心身および行動面の症状や障がいの悪化を防ぎ，さらにパーソナリティの発展や成長を促し，より一層の自己実現を可能とすることが目指される。

　ロジャーズ（Rogers, 1957）は，援助者の基本的姿勢の条件のうち最も基本的なものとして，自己一致・純粋性，無条件の肯定的配慮，共感的理解の3つを挙げている。自己一致・純粋性とは，援助者が自分の気持ちをゆがめることなく正直に気づき，またそれを十分な配慮のもとに来談者に伝えることである。無条件の肯定的配慮とは，語られる来談者の体験について，一切の価値判断をせずにそのまま受容し尊重していく姿勢である。それにより，来談者は，自らの体験に関心を払ってもらい，かつ認められたという感覚をもつことができる。共感的理解とは，来談者の体験が聞き手である援助者に感覚として生じることであり，来

談者の体験を来談者自身が経験しているように理解しようとする態度のことである（小林，2010）。共感的理解には，援助者が過去に来談者と似たような体験をしていることが必要といわれることもあるが，類似経験は必須ではなく，来談者の視点からその体験を見ようと試みる姿勢をもって向き合うことこそが重要となる。

　こうしたカウンセリングにおける援助者の基本的な構えは教育相談においても同様であり，誠意と敬意をもって来談者の世界をそのまま理解・受容しようとすることを心にとどめておく必要がある。

（2）コミュニケーションの技法

　カウンセリングにおける基本的な構えについては前項のとおりだが，以下では基本的なコミュニケーションの技法を紹介しよう。

①**傾聴**：来談者の言葉をただ聞くのではなく，積極的に聴くという聞き方である。来談者の言葉の背後にある感情や背景に思いをはせながら，来談者の世界を理解しようという構えをもちつつ，来談者の声に耳を傾ける。来談者の話に関心をもちながら聴いていることを来談者に伝えることも重要であり，「うん」「そうですか」「なるほど」などのあいづちを打ちながら，反論や批判をしたくなっても，相手を否定せずに受容的に聞くという，エネルギーを使う営みである。

②**繰り返し**：来談者の言葉をできるだけそのまま忠実に繰り返す応答技法である。例えば，「途方に暮れてしまうんです」という来談者の言葉に対して「途方に暮れてしまうんですね……」と応答する。単なるオウム返しのように思われるが，自分の言葉を繰り返されることで，来談者はしっかり聴いてもらっているという感覚を得ることができ，語りが促進される効果がある。

③**感情の反射**：来談者が語る漠然とした感情を，援助者が「〜というお

気持ちなんですね」「このような時に～と感じられるのですね」のように，感情に焦点を当てながら言語化して返す応答技法である。感情は混沌として本人の中でもやもやと渦巻いていることも多いが，援助者による言語化によって混沌とした感情が整理され，来談者は自らの感情やその生起パターンに気づくことができる。

④ **明確化**：来談者がうまく表現できないことを，援助者が言語化して心の整理を手伝う技法である。来談者が混乱しており話の内容が整理されていない時に，「それは～ということですね」のように，来談者が用いた言葉を使いながら，本質をそこねることなくまとめなおすことで，その意味や内容を明確にすることができる。

⑤ **沈黙を大切にする**：相談中に来談者が黙ってしまうことがあるが，援助者が沈黙に耐え切れずしゃべり続けることは慎まなければならない。相談中の沈黙にはさまざまな意味が込められている。質問の意味や回答を考えたり自分の感情を整理したりするために，来談者にとって必要な時間であることも多い。一方で，質問に答えたくない無意識的な抵抗の表明や，援助者への攻撃の手段として沈黙が使われることもある。援助者は沈黙の意味をよく考え，来談者とともに沈黙を共有したり，時には，「黙ってしまったね……」と声かけをしたりと，沈黙の意味に応じて柔軟な対応をすることが必要となる。

⑥ **要約**：「今日は～というお話を聞かせていただいたように思っています」「これまでのお話をまとめると～ということですね」のように，来談者によって語られた内容の重要部分を短縮し，まとめて伝える技法である。「何か足りないことや誤りはありますか」と補足や修正の有無を確認することもある。また，継続相談の場合は，はじめに「このあいだは～のことをお話しましたね」と，前回の相談内容を簡単に振り返ってから相談に入ることもある。

（3）守秘義務

　守秘義務とは，公務員や医療関係者・心理職・福祉職等の対人援助職など，その職務の特性として個人情報を扱う職業において，正当な理由なしに，職務上知り得た秘密を漏らしてはならないという職業倫理のひとつである。個人情報保護法を遵守し，個人情報を含む資料や記録を厳正に管理することは共通であるが，何をもって正当な理由と考えるかや，違反した場合の罰則については各職業固有の倫理規程によって定められている。教育相談の場合は，相談中に知り得た個人情報や相談内容，また相談があったという事実を含め，守るべき秘密となる。

　教育相談において守秘義務が大きな問題として浮上するのは，他職種もしくは教員間でチーム援助を行う際である。特に他職種間連携の場合，個人情報や相談内容について何をどこまで共有すべきかの認識が必ずしも同一でないこともあり，2003（平成15）年の個人情報保護法施行直後は十分な情報共有が行われず，適切な支援につながらないこともあった。しかし，守秘義務の一言のもとに一切の情報を共有しないという状況下では，チーム援助は成り立たない。現在では，守秘義務についての考え方も目的に照らし合わせたものとなり，来談者の利益につながることを条件として，援助者同士，すなわち援助チーム内においては秘密の共有が許容される「集団守秘義務」（長谷川，2003）という考え方がとられるようになっている。相談の中で児童生徒から「誰にもいわないで」といわれた時でも，共有した方がいい内容であれば，児童生徒に「○○先生やご両親にも伝えた方がいいと思うが伝えてもよいか」と，その意向をきちんと尋ね，了解を得た上で情報共有を行うことが必要になることもある。

3. 開発的教育相談

（1）開発的教育相談とは

　感情のコントロールの拙さや道徳性の低下といった子ども達の心の育ちが問題視される現状において，従来子どもの心の育ちに大きな役割を果たしてきた家庭や地域コミュニティの援助資源としての教育力が低下し，学校が子どもの心の育ちを積極的に支えることが求められるようになった。こうした背景から，子どもの適応力を伸ばし，子ども達がよりよい生活を送れるようにすることを目的とする，開発的取り組みが学校に導入されるようになった。開発的教育相談は，先に述べた石隈（1999）の3段階の学校における心理教育的援助サービスモデルにおいては，すべての児童生徒を対象とする1次的援助サービスに該当する。専門機関との連携が欠かせない不適応対応としての"治療的教育相談"とは異なり，日常的な教師のかかわりの中で行われる"子どもを育てる教育相談"が開発的教育相談なのである。

（2）開発的カウンセリングの手法

　「生徒指導提要」（文部科学省，2010）においては，教育相談の新たな展開として，グループ・エンカウンター，ピア・サポート活動，ソーシャルスキルトレーニング，アサーション・トレーニング，アンガーマネジメント，ストレスマネジメント教育，ライフスキルトレーニング，キャリアカウンセリングといった開発的教育相談の手法が紹介されている。これらに対人関係ゲームとグループワーク・トレーニングを加え，技法の分類を図示したものが**図11-2**である（本田，2017）。

　以下では，開発的教育相談の例として，ソーシャルスキルトレーニングの概要とリフレーミングを紹介しよう。

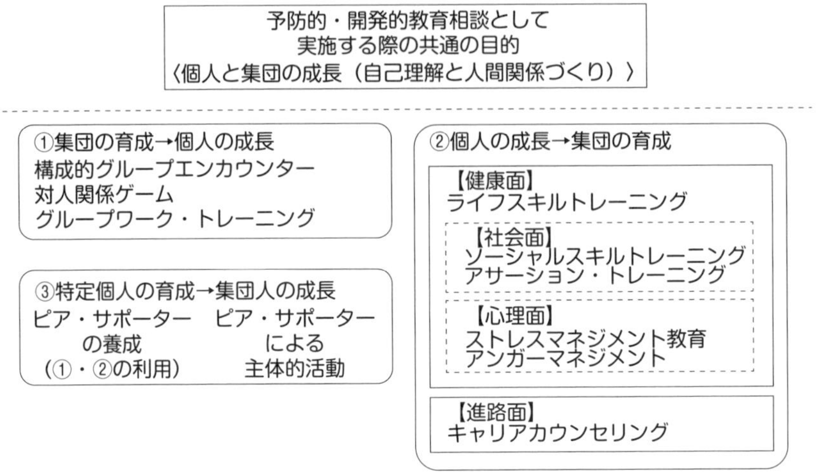

図11-2　予防的・開発的教育相談の技法の分類（本田（2017）を一部改変）

①**ソーシャルスキルトレーニング**：ソーシャルスキルとは対人関係を円滑に運ぶための知識と技術である（佐藤・相川，2005）。簡単にいえば，「人づきあいの技術」ということになろう（相川，2009）。人づきあいのうまい下手を，天賦の才ではなく教授学習可能な技術としてとらえ，意図的計画的にスキルを高めることを目指すのがソーシャルスキルトレーニングである。ソーシャルスキルトレーニングでは，他者を理解し思いやる力，自分の思いや考えを適切に相手に伝える力，問題解決力，人間関係形成力等，いわゆる社会性に関する力の育成が目的となる。

②**リフレーミング**：リフレーミングは，ものの見方を変える認知への働きかけに応用される技法である。例えば，「私はいろいろなことに気が散ってしまって集中できないダメ人間なんです」に対して「いろいろなことに関心があって好奇心旺盛ですね」と返すように，もう一つ

の見方を提示することで，ネガティブな思い込みをポジティブな方向へ修正するというものである。リフレーミングは学校現場でもとりいれやすく，活用しやすい教材も開発されている。

4. 教育相談の新しい課題

　2018（平成30）年度の不登校児童生徒数は16万4千人を超え，史上最多記録を更新したことに示されるように，不登校の問題は依然深刻な問題であり続けている。不登校児童生徒の大きな問題として，基礎学力が身についていないことが，子ども達の社会的自立に影響を与えることが挙げられる。こうした懸念から，不登校児童生徒の教育の機会を確保することをひとつの目的として，2016（平成28）年12月に「義務教育の段階における普通教育に相当する教育の機会の確保等に関する法律」（通称「教育機会確保法」）が定められた。同法によって，国および地方公共団体は，全ての児童生徒が豊かな学校生活を送り安心して教育を受けられるよう，学校における環境を確保することに努めなければならないと同時に，不登校児童生徒の学校及び学校以外の場における学習活動への支援を行う措置を講ずることも定められている。教育相談体制の充実とともに，不登校児童生徒を含め，あらゆる子ども達の学びの保障が実現されることを願いたい。

　不登校以外にも，いじめ問題，外国人児童生徒への支援（文部科学省，2011），性別違和や性的指向・性自認に係る児童生徒への支援（文部科学省，2016），特別な教育的ニーズのある子ども達への合理的配慮等々，学校がかかえる課題は多様化している。児童生徒・保護者一人一人の声に丁寧に耳を傾ける個別の教育相談と，全児童生徒を育てる開発的教育相談とを支援の両輪として対応していくことが，以前にも増して重要となっている。

学習課題

1　二人一組になり，本章で学んだカウンセリングの技法を用いて，児童生徒役と教師役になって児童生徒役の悩みを聴くロールプレイをしてみよう。
2　小学校・中学校・高等学校・大学において，どのような開発的取り組みが実施されているか調べ，まとめてみよう。
3　性別違和のある児童生徒や外国人児童生徒への支援について，文部科学省がどのような提案をしているのか調べ，他にどのような支援ができるか話し合って提案してみよう。

引用文献

相川　充（2009）．人づきあいの技術—ソーシャルスキルの心理学　サイエンス社

長谷川啓三（2003）．集団守秘義務の考え方　臨床心理学, 13, 122-124.

本田真大（2017）．ソーシャルスキル教育—人間関係を広げ，深める援助の技法　水野治久・本田真大・串崎真志（編）藤田哲也（監）絶対役立つ教育相談：学校現場の今に向き合う（pp.69-80）　ミネルヴァ書房

石隈利紀（1999）．学校心理学—教師・スクールカウンセラー・保護者のチームによる心理教育的援助サービス　誠信書房

小林孝雄（2010）．共感　岡村達也・小林孝雄・菅村玄二（著）　カウンセリングのエチュード：反射・共感・構成主義（pp.69-145）　遠見書房

文部科学省（2010）．生徒指導提要　文部科学省

文部科学省（2011）．外国人児童生徒の受け入れについて　文部科学省

文部科学省（2016）．性同一性障害や性的指向・性自認に係る，児童生徒に対するきめ細かな対応等の実施について　文部科学省

Rogers, C. (1957). *The necessary and sufficient conditions of therapeutic personality change. Journal of Consulting Psychology*, 21, 95-103.

佐治守夫・岡村達也・保坂　亨（2007）．カウンセリングを学ぶ　第2版—理論・体

験・実習　東京大学出版会

佐藤正二・相川　充（編）（2005）．実践！ソーシャルスキル教育　小学校編―対人関係能力を育てる授業の最前線　図書文化社

参考文献

石隈利紀（1999）．学校心理学―教師・スクールカウンセラー・保護者のチームによる心理教育的援助サービス　誠信書房

水野治久・本田真大・串崎真志（編）藤田哲也（監）（2017）．絶対役立つ教育相談：学校現場の今に向き合う　ミネルヴァ書房

佐治守夫・岡村達也・保坂　亨（2007）．カウンセリングを学ぶ 第2版―理論・体験・実習　東京大学出版会

12 | 道徳性の育成

谷口明子

《目標＆ポイント》「特別の教科」としての道徳が，小学校は2018年度，中学校は2019年度から全面実施となり，学校教育においてあらためて道徳教育の在り方が模索されている。背景には，子ども達の心の育ちに関する危機感と道徳の授業が各種学校行事に振り替えられることが多いなど，多くの学校で道徳教育が形骸化していることがある。では，道徳において育てるべき道徳性とはどのようなものだろうか。本章では，道徳性の発達理論の中核的存在であるコールバーグの理論を中心に学び，道徳性育成について検討する。

《キーワード》 道徳性，コールバーグ，特別の教科，モラルジレンマ

1. 道徳性とは

　道徳とは，辞書的には「人のふみ行うべき道。ある社会で，その成員の社会に対する，あるいは成員相互間の行為の善悪を判断する基準として，一般に承認されている規範の総体。法律のような外面的強制力を伴うものでなく，個人の内面的な原理」（広辞苑第六版）と定義される。つまり，道徳とは，社会で生活していく上で守るべき規範の集合のことである。このような規範の集合である道徳が，一人一人のあり方で受け入れられ，内面化されたものが「道徳性」である。道徳性は生得的に決定づけられているものではなく，生まれてのち，社会化されるプロセスの中で育まれるものである。

　日常生活の中で私たちが行動を起こす際には，自らの内面化された規

範に照らし合わせてその行動が望ましいものであるかどうかを判断し，行動するかどうかを決めている。しかし，赤信号でも道路を横断してしまう等，「よくない」ということは分かっていても行動に移してしまうこともあるし，逆に電車でお年寄りに席を譲るのをためらってしまう等，「望ましい」と思っていてもなかなか実行できないこともある。このように，内面化された規範としての道徳性だけでは，自分自身の具体的な道徳的行為のメカニズムは説明しきれない。現実世界での規範の実行には，規範の内面化プロセスとは別のメカニズムが存在しているのである。つまり，道徳性には，特定の行動の善悪についての原理・規範の受容という道徳的判断という認知的側面の他に，実際にその原理・規範に従って行動するという道徳的行為の2つの側面があり，われわれは，両側面から道徳性を検討する必要性がある。

2. 道徳性の発達

（1）ピアジェの理論

　ピアジェ（Piaget, 1932/1957）は，児童期の道徳性の認知的発達理論を打ち出した。ピアジェは，道徳性の本質を規則の尊重に見出し，規則の認識を検討した。彼は，道徳の問題を行為の善悪の判断を含んだ問題ととらえ，その判断の基準としての規則に着目したのである（吉岡，1992）。

　ピアジェは，まず，子どもの遊び場面の観察事例から，子どもの規則に対する認識を3つの段階に分けてとらえた。5歳以前の第1段階においては，規則に関する意識や関心は基本的には見られない。この段階では，規則は，「やらなければならない」義務として認識されていないので，子どもの行動を拘束する機能はもたず，子どもは自らの欲求に従って行動する。ただ，ある種の行動を何度も繰り返すことは観察され，規則の

認識の芽生えらしきものはうかがわれる。6歳から9歳ごろまでの第2段階においては、子どもは、規則を大人や年長の子どもなどの権威からの命令によるものと受け取り、規則を絶対的で変えることのできないものととらえている。規則は、理由の如何を問わず、その通りにしなければならない神聖不可侵なものとみなされ、子どもの行動を、規則通りのふるまいへと方向づける強い拘束力をもつ。9歳から10歳以降の第3段階においては、他者との相互理解という側面が重みを増し、規則は集団成員相互の合意によって定められ、また改変可能なものとして認識されるようになる。この段階では、自らの行動制御機能よりも、他者との関係を支える社会的機能をもつものとして規則はとらえられるようになる。つまり、ピアジェによれば、子どもの規則の認識は、社会的相互作用を通じて、大人の拘束・権威による他律的なものから、自ら積極的にその生成・変容にかかわっていく自律的・協同的なものへと発達していくと考えられている（二宮，1992）。個人の認識である道徳的判断の問題を、他者や社会との関係の中でとらえようとしたところに、ピアジェ理論の特徴を見ることができる。

　さらに、道徳的判断の発達段階を検討するために、ピアジェは、善悪の判断についての例え話を提示し、それに関する質問を重ねながら善悪について判断させるという臨床法（clinical method）を用いた。ピアジェは、3対の例え話を用いたが、以下にそのうちの1つを紹介しよう。

　ジャンという小さい男の子がお部屋の中にいました。食事に呼ばれたので、食堂に入ろうとしました。ところが、扉の後ろには椅子があって、その椅子の上にはコップが15個のせてあるお盆が置いてありました。ジャンは、扉の後ろにお盆があることを知らずに扉をあけたので、コップは15個とも落ちて、全部割れてしまいました。

　　アンリという小さな男の子がいました。アンリは，お母さんの留守中にこっそり戸棚のジャムを食べようとしました。椅子の上にのぼって手を伸ばしましたがジャムには手が届きません。無理に取ろうとして，近くにあったコップひとつにさわってしまい，落として割ってしまいました。
　　　　　　　　　　　　　　　　　　　　［Piaget（1930/1957）より一部修正］

　前者は，動機に悪気はないが過失によって多大な損失をひきおこした例え話であり，後者は，動機としては悪いと判断される部分を含むが，損失は軽いという例え話である。この例え話について，話の内容を理解したかどうかを確認してから，どちらの子どもの方がより「悪いと思うか」という判断と，「なぜそう思うのか」と理由を尋ね，子どもの道徳的判断の結果とその根拠を探った。結果として，「コップを15個も割った」ので，「ジャンの方が悪い」と損失の大きさという物質的結果によって判断する子どもと，「いけないことをしようとした」かどうかという動機で判断する子どもの2つのタイプに分かれることが見出された。ピアジェは，損失の客観的な大きさに責任の根拠をみて，「ジャンの方が悪い」とする判断を，「結果論的判断」または「客観的判断」と呼び，この判断の背景には，状況理解に際して他者の視点をとることができない自己中心的な思考と，大人の権威を鵜呑みにする形での規則理解があると考えた。一方，行為の意図や動機に着目して「アンリの方が悪い」とする判断を，「動機論的判断」または「主観的判断」と呼び，自己中心性から脱し，当事者（この例の場合はアンリ）の視点をとって，行為の意味や背後にある意図をも視野にいれた判断がなされていると考えた（吉岡，1992）。

　両タイプの現われ方には年齢差があることが指摘されており，結果論的判断は年齢とともに減少し，10歳以降ではほとんど見られず，2つの

タイプの平均年齢は，結果論的判断が7歳，動機論的判断が9歳であったことが報告されている。しかし，2つのタイプの判断は，一人の子どもに同時に見られることもあり，何歳までは結果論的判断によって，それ以上では動機論的判断によって判断するというような明確な段階を構成しているとは言い切れないことも，ピアジェが主張していることには注意すべきである。

（2）コールバーグの道徳性発達理論

コールバーグ（Kohlberg, L.）は，ピアジェ理論を継承・発展させ，その理論は現在に至るまで我が国の道徳教育にも多大な影響を及ぼしている。コールバーグ理論は，道徳性の発達を他律から自律への大きな一元的な流れとしてとらえていた点においてピアジェ理論を踏襲しているが（首藤，1999），ピアジェが12歳頃までの子どもの道徳判断の発達を示したのに対し，コールバーグは道徳的判断が他律から自律へと移行する時期を25歳頃と考え，より長いスパンで道徳的判断の発達をとらえた。

コールバーグ（Kohlberg, 1971）は，「ハインツのジレンマ」と呼ばれる道徳的葛藤課題を用いて，道徳性の発達段階を見出している。

> ### 「ハインツのジレンマ」
>
> ヨーロッパで，一人の女性が特殊なガンで死にかけていました。お医者さまは「ある薬を飲めば助かるかもしれませんが，それ以外に助かる方法はありません」といいました。その薬は，最近ある薬屋さんが開発したものですが，その薬を製造するのに要した費用の10倍の値段がつけられていました。病気の女性の夫であるハインツは，その薬を買うために，すべての知人からできるかぎりのお金を借りてまわったのですが，

> 薬の値段の半分しか集まりませんでした。ハインツは、薬屋に妻が死に
> かけていることを話し、薬を安く売ってくれるか、後払いにしてくれる
> ようにたのみました。でも、薬屋は「それで金もうけをするからダメだ」
> と承知しません。ハインツは思いつめ、妻の生命を助けるために、薬屋
> に押し入り、薬を盗みました。

　この例え話を提示したのち、「ハインツはそうすべきだったかどうか」
の判断と、その理由他が尋ねられている。結果として、**表12−1**のよう
な3水準6段階の発達段階が提示されている。

　第1の水準である《前慣習的水準》では、道徳的価値は出来事や行為
のレベルや物理的な結果にある。段階1〈罰と従順志向〉は、「よくな
いって言われていることだからよくないんだ」「警察につかまるから」
などの回答にみられるように、道徳的判断の基準は他律的であり、罰や
制裁を回避し、権威に服従する段階である。段階2の〈道具的相対主義
志向〉においては、「罰は苦しいからよくない」「妻を助けるためなのだ
から盗んでもいい」など、自分もしくは他者の快・不快や欲求を満たす
かどうかが正しさの判断において重要な意味をもつ。

　第2の水準である《慣習的水準》では、良い役割を行い、紋切り型の
秩序や他者の意図にそむかないことに道徳的価値を認めている。《慣習
的水準》は、「盗んだら家族からも非難されるから」「世間から後ろ指さ
されるから」など、対人的規範を重視し、他者からの是認を求める〈他
者への同調、あるいは「良い子」志向〉の段階3と、「そんなことをす
れば社会秩序を破壊してしまうから」など現存の社会秩序を守ることを
重視する〈法と秩序志向〉の段階4から成っている。

　第3の《慣習以降の自律的、原則的水準》では、外的存在として個人
を拘束していた道徳は完全に内面化され、その個人なりの自己調整のあ

表12-1　コールバーグによる道徳性の発達段階

（荒木（1987；1998）をもとに筆者が一部改変）

Ⅰ.《前慣習的水準》
この水準では，子どもは何が善で何が悪か，何が正しく何が間違いかを示す文化上の規則やことばに敏感に反応する。しかし，それらの意味を行為がもたらす物理的・快楽的な結果（罰や報酬の有無，親切にしてもらえる／してあげる），あるいは権威ある人物の物理的な力という点から解釈している。
〔段階1〕罰と従順志向　子どもは従順で，大人に頼りきっており，叱られることが悪いことで，叱られなければ良いことであると考える。つまり，罰を避けて，権威に対し無条件に服従すること，そのことに価値があるととらえている。物理的な結果の大きさが善悪の判断の決め手となる。
〔段階2〕道具的相対主義志向　正しい行為というのは，自分自身の要求（場合によっては他人の要求）を道具的に満たす行為，つまり報酬を得るための手段となる行為を指しているととらえている。公平性，互恵性，均等の分配といったことがらは，常に物理的，実用的な観点から解釈される。ここでの互恵性は「もちつもたれつ」という意味であり，忠誠心や感謝，正義という問題ではない。

Ⅱ.《慣習的水準》
直接的で目に見える結果にとらわれることなく，その人の属する家族，集団，国家の期待に添うように振る舞うこと，それ自体が価値であるとみなされる。他者からの期待や社会秩序に対して同調的かつ忠実でもある。秩序を積極的に維持・支持・正当化し，他者や集団に同一化していく態度である。
〔段階3〕他者への同調，あるいは「良い子」志向　良い行ないというのは他人を喜ばせたり，助けたりする行為であり，他人から承認の得られるものであるととらえている。この段階の子どもは何が多数意見か，何が「自然な」行動かに関したステレオタイプなイメージに対して強く同調する。行動はしばしばその意図によって判断される。相互扶助の対人関係や調和のとれた人間関係への志向が著しく，信頼，友情，思いやり，誠実，感謝という価値について理解できるようになる。
〔段階4〕法と秩序志向　権威，規定の規則，社会秩序を維持しようとする志向がみられる。義務を果すこと，権威を敬うこと，それぞれの社会秩序を維持することを正しいと考える。社会システムが役割や規則を規定しているように考え，そのシステムの中の位置との人間関係をとらえることができるようになる。この段階では子どもは社会全体がその子に期待している道徳基準を取り入れながら，実際には矛盾や疑問を感じつつ，徐々にそれらを解決し，また社会から非難されない自分でありたいと模索している。

Ⅲ.《慣習以降の自律的，原則的水準》
この水準では，道徳上の原則を支持する集団や個人の権威を離れて，集団への個人的な同一化とは別に，妥当性と適応性をもつような道徳上の価値や原則を定義しようとする努力がはっきりとみられる。
〔段階5〕社会的契約，法律尊重，および個人の権利志向　行為の正しさは，一般的な個人の権利と社会全体から批判的に検討され，同意を得てきた規範とに照らして定義されるようになる。この段階では，「価値」や「意見」が相対的なものであるという自覚がはっきりしており，正しいということは制度にのっとり，民主的に一致をみたということであるが，合理的な社会的利益に沿って法律を変えることができるという可能性に気づくようになる。法の範囲を超えたところでは，自由意思による協定や，契約には義務という拘束的な要素が働いていることも理解している。
〔段階6〕普遍的な倫理的原則（良心または原理への）志向　正しい行為は社会的原則に合致するだけでなく，論理的普遍性と一貫性に照らして自己選択した倫理的原則に合うかどうかで判断され，その中で良心が働く。法律が倫理的原則（正義という普遍的な原則）と合わない時には，自らの原則に従って行動する。人間の権利の平等性と相互性，個人として，人間としての尊厳を尊重する。自律的な当事者の目的はある人の善の促進が他の人の権利尊重を損なわず，個人の権利の尊重がすべての人の最善を促進し損なうことのないような方法で，道徳問題を解決しようとする。

り方を規定する力をもつようになる。第３の水準は２つの段階から成る。段階５は，〈社会的契約，法律尊重，および個人の権利志向〉と呼ばれる。「人権を考えれば，やむをえない部分もあるが，人間が守るべき約束事はある」などのように，道徳的価値の相対性への気づきが認められ，現存の社会秩序の維持ではなく，人権という社会的契約や社会全体の福利など，より広い観点から規範を省察する段階である。最後の段階６においては，「自分自身の良心が許さないから」のように，社会的契約と自己の内面に形成された倫理原則の双方に則って道徳的価値が判断される。すべての人間の人格が尊重され，理想的役割取得に基づいて決定された社会的取り決めこそが正当であると考えられている。良心と原則，相互信頼を志向するこの最終段階を，コールバーグは〈普遍的な倫理的原則（良心または原理への）志向〉と呼んでいる。

　このように，コールバーグは，「公正」「正義」を中核とした道徳的発達理論を展開した。

（3）コールバーグ理論への批判

　コールバーグ理論に対して，道徳性のとらえ方が一面的であると批判したのは，ギリガン（Gilligan, 1982/1986）である。ギリガンは，コールバーグ理論は，あくまでも西欧的価値観に基づくものであり，非西欧社会にまであてはめて考察することに疑問を呈した。コールバーグは男性に当てはまりがちな「正義」と「公正」の道徳性のみを扱っており，もう１つの道徳性発達の道筋として，「配慮と思いやり」に着目することを提案したのである（戸田，1997）。

　ギリガンは，例え話のような抽象化された状況ではなく，より具体的な状況に応じた道徳的認知について考察すべきであると主張し，女性を対象として，実生活上の葛藤についても合わせて面接調査を行った。そ

の結果として，女性にとって道徳的問題は他者に配慮し，傷つけないようにする義務としてとらえられており，道徳のとらえ方に性差があることを見出し，配慮と責任の発達段階を提唱している。コールバーグ理論が見落としてきた側面をも合わせて検討することにより，道徳性の発達をより包括的にとらえることを主張したのである（山岸，1992）。

3. コールバーグ理論を活用した道徳の授業実践例

　ここまで道徳性の発達理論を概観する中で，道徳性が「他律から自律へ」という大きな発達的流れをもつことが理解されただろう。理論的には，発達段階があがるにつれて，自らのうちに取りこんだ内なる規範に則り，行動を自己制御する自律性が獲得されるはずである。にもかかわらず，小学校，中学校，高等学校と学校段階があがるにつれて，校則は益々厳しくなり，有無を言わずに従うことが要求されるという矛盾が，日本の学校教育の現実として存在している。こうした現実の中，コールバーグ理論の知見を手がかりとしたモラルジレンマ教材を活用して，子ども達に道徳的葛藤を引き起こすことで道徳性の育ちをねらう授業実践が試みられている（荒木，1988；1990；1991；2017）。

　モラルジレンマ教材とは，道徳的価値に関する葛藤を含む物語であり，オープンエンドの形で子ども達に投げかけられる。小学校低学年向け資料においては，一つの道徳的価値についての当為をめぐる葛藤が扱われることが多いが，高学年向け資料では，二つ以上の道徳的価値の間での葛藤が扱われることも多い。次の例を見てみよう。

「けい子のまよい」（概略：小学校高学年向け）

　小さい頃から仲良しのけい子とひとみの2人がいる。明るく活発なけい子に比べて，ひとみは気弱で友だちもそう多くはない。2人が一緒にいる時，廊下を走っていたひとみが隅にある花瓶を倒し，ひびを入れてしまった。その場は，けい子がひとみを助けたので，大事なかったが，クラスの帰りの会で花瓶にひびが入っていることが問題になる。けい子はハッとしてひとみの方を見るが，ひとみはうつむいてしまった。

荒木（1988）を筆者が一部改変

　ここで，「けい子はどうすべきか」という判断と「そしてそれはなぜか」という理由づけの2つの問いが投げかけられる。この資料の中には，「信頼・友情」と「正義・勇気」という二つの道徳的価値がもりこまれ，子ども達は，登場人物を自分に引き寄せながら，二つの道徳的価値について具体的に考えていくことになる。

4. 道徳の教科化

（1）教科化の背景

　小学校では2018年度から，中学校では2019年度から道徳が「特別の教科」となった。背景には，いじめ問題の深刻化や対人関係に悩む子ども達の増加という，子ども達の心の育ちの問題がある。他者を思いやり規範を大切にする心や自分自身を大切にする心，生命や自然を大切にする心が十分に育たないことが，問題行動につながるとされたのである。もう1つの背景として，学校における道徳教育が十分に機能していないという現状が挙げられる（文部科学省，2013）。学校行事や他の授業の補完に振り替えられてしまい，年間35時間の授業時間が確保されていない

ことも多い。授業内容もパターン化し，資料の読解や感想文のようになってしまう等の形骸化も指摘される。こうした現状を改善するために，教科化により，授業時間と内容の担保が図られたのである。

（2）教科化のポイント

　道徳性は道徳教育によって育むことが目指される資質・能力である。

　道徳教育は，教科化を見据えて2015（平成27）年に一部改訂された学習指導要領において，「よりよく生きるための基盤となる道徳性を養うため，道徳的諸価値についての理解を基に，自己を見つめ，物事を（広い視野から）多面的・多角的に考え，自己の（人間としての）生き方についての考えを深める学習を通して，道徳的な判断力，心情，実践意欲と態度を育てる」ことを目標とすることが示されている。

　教科となることにより，検定教科書を主な教材として用いることや内容項目の見直し，指導方法の工夫と改善，評価の導入という変更があった（永田，2017）。特に評価に関しては，道徳に数値による評価はなじまないとの意見や，特定の価値観の押し付けにつながるのではないかとの懸念が多く語られ，観点別や数値による評価ではなく，より広い視点から子ども達の道徳性にかかわる成長のようすを記述によって示すこととなった。

　「特別の教科　道徳」の授業においては，いじめの未然防止に資することが求められ，指導方法の工夫としては，児童生徒が道徳的な課題を自分自身の問題としてとらえ，向き合う「考える道徳」「議論する道徳」への転換が図られている。（板橋，2015）。具体的には，先に紹介したモラルジレンマ教材を用いた授業などの「問題解決的な学習」が試みられている（荒木，2017）。また，従来の道徳的心情に焦点を当てた授業から転換し，「分かっているけれども行動できない」という行動面に着目

した「道徳的行為に関する体験的な学習」として，ロールプレイなどを導入したモラルスキルトレーニングの授業への導入も提唱されている（林，2013）。学校における道徳性の育成は，今，新たな局面を迎えているのである。

（3）道徳性育成の課題

　道徳性の育成は，「特別の教科　道徳」の時間に限らず教育活動全体を通じて行われるものである。子ども達がより多面的・多角的な視点で自らの生き方を考える契機となるような機会を提供し，子ども達が自分なりの価値観を構築する支援をすることは，学校の重要な使命といえる。「道徳」の時間で得られたものをどのように生活の中へ一般化していくか，その道筋を子ども達にどのように提示するか，そして，学校全体，もしくは社会全体の道徳的環境を形成することが大きな課題である。

学習課題

1　近年の子ども達は本当に道徳性が低下しているのだろうか。根拠に基づき，話し合ってみよう。
2　道徳が「特別な教科」となったことによる変化についてまとめておこう。
3　「特別の教科　道徳」はどのような評価法を導入すればよいだろうか。自分なりのアイディアを出してみよう。

引用文献

荒木紀幸（1988）．道徳教育はこうすればおもしろい：コールバーグ理論とその実践　北大路書房

荒木紀幸（1990）．ジレンマ資料による道徳授業改革：コールバーグ理論からの提案　明治図書

荒木紀幸（1991）．道徳性の発達と学校教育．大西文行（編）　新・児童心理学講座9　道徳性と規範意識の発達（pp.139-174）　金子書房

荒木紀幸（編）（2017）．考える道徳を創る　小学校 新モラルジレンマ教材と授業展開　明治図書

Gilligan, C. (1982). *In a different voice: Psychological theory and women's development.* Cambridge, : Harvard University Press.（ギリガン，C. 岩男寿美子（監訳）（1986）．もうひとつの声：男女の道徳観の違いと女性のアイデンティティ　川島書店）

林　泰成（2013）．モラルスキルトレーニングスタートブック―子どもの行動が変わる「道徳授業」をさぁ！はじめよう―　明治図書

板橋雅則（2015）．道徳授業における「問題解決学習」の実践的考察　東洋大学文学部紀要教育学科編，41，55-64.

Kohlberg, L. (1971). From is to ought. In T. Mischel (Ed.) *Cognitive development and epistemology.* New York: Academic Press. pp.151-235（コールバーグ，L. 内藤俊史・千田茂博（訳）（1985）．「である」から「べきである」へ　永野重史（編）道徳性の発達と教育：コールバーグ理論の展開（pp.1-123）　新曜社）

文部科学省（2013）．今後の道徳教育の改善・充実方策について（報告）：新しい時代を，人としてより良く生きる力を育てるために

永田繁雄（2017）．教科化によって授業をどう変える？　VIEW21教育委員会版 2017，3，pp.18-23.

二宮克美（1992）．道徳性．東洋・繁田進・田島信元（編）　発達心理学ハンドブック（pp.840-855）　福村出版

Piaget, J. (1932). *The moral judgement of the child.* New York: Simon & Schuster.（大伴茂訳（1957）．児童道徳判断の発達　同文書院）

首藤敏元（1999）．児童の社会道徳的判断の発達　埼玉大学紀要教育学部（教育科学Ｉ），48（1），75-88.

戸田有一（1997）．道徳性の発達　井上健治・久保ゆかり（編）　子どもの社会的発達（pp.150-166）　東京大学出版会

山岸明子（1992）．認知的発達理論―ギリガン　日本道徳性心理学研究会（著）　道

徳性心理学—道徳教育のための心理学（pp.145-156）　北大路書房

吉岡昌紀（1992）．認知的発達理論—ピアジェ　日本道徳性心理学研究会（著）　道
　徳性心理学—道徳教育のための心理学（pp.29-46）　北大路書房

参考文献

荒木紀幸（編）（2017）．考える道徳を創る　小学校 新モラルジレンマ教材と授業展
　開　明治図書

井上健治・久保ゆかり（1997）．子どもの社会的発達　東京大学出版会

永田繁雄（編）（2017）．「道徳科」評価の考え方・進め方（教職研修総合特集）教
　育開発研究所

日本道徳性心理学研究会（編）（1992）．道徳性心理学—道徳教育のための心理学
　北大路書房

13 | 発達障がいの理解

谷口明子

《**目標＆ポイント**》　文部科学省の2012年の調査によれば，通常学級には，発達障がいの可能性のある特別な教育的支援を必要とする児童生徒が6.5％在籍している（文部科学省，2012）。発達障がいのある子ども達を理解し，適切な支援を提供することは，取り組まなければならない重要な教育的課題となっている。本章では，発達障がいの基本的な理解を目指して学んでいく。

《**キーワード**》　発達障がい，自閉スペクトラム症，限局性学習症，注意欠如・多動症

1. 発達障がいとは

（1）発達障がいとは

　昨今 TV や新聞でも取り上げられることが多くなり，発達障がい＊という言葉を誰もが耳にしたことがあるだろう。発達障がいは，かつてはしつけが行き届かないことから生じる状態のように思われたこともあったが，現在では生得的な脳の機能障がいが原因であることが分かっている。複数の発達障がいを併せ有することも多く，そのありようも人それぞれで個人差が大きい。また，領域によってもその定義や呼称にもばらつきがある。では，発達障がいとはどのように定義されているのだろうか。

＊本書においては「障がい」の表記を原則とし，法令名，疾患名などの固有名詞，引用に関しては元の表記のままとする。

（2）発達障害者支援法における定義

　法的な立場からは，発達障がいは2004（平成16）年に制定された発達障害者支援法の中で，次のように定義されている。

　　この法律において「発達障害」とは，自閉症，アスペルガー症候群その他の広汎性発達障害，学習障害，注意欠陥多動性障害その他これに類する脳機能の障害であってその症状が通常低年齢において発現するものとして政令で定めるものをいう。

　同法の制定によって，それまでは支援から漏れていた発達障がい者が社会的支援の対象として法的に位置づけられたのである。

　発達障害者支援法は，2016（平成28）年に改正され，発達障がい者の定義に「社会的障壁により日常生活又は社会生活に制限を受ける」ものであることが追記された。障がいの本質が，個人の特性ではなく，社会的環境との関係の中で生ずる生活上の制限であることが示され，社会的環境の整備が重視されることになったのである。

（3）精神医学における定義

　精神医学の立場からは，アメリカ精神医学会による診断基準である精神疾患の診断・統計マニュアル（Diagnostic and Statistical Manual of Mental Disorders：以下，DSM と省略）に基づき診断が行われるのが一般的である。

　DSM は，時代を経る中で改訂が重ねられており，発達障がいの扱いも版によって異なっている。2000年に改訂された DSM-Ⅳ-TR においては，発達障がいは，広汎性発達障害（Pervasive Developmental Disorders：PDD と略記される）として，1）自閉性障害，2）レット

障害，3）小児期崩壊性障害，4）アスペルガー障害，5）特定不能の広汎性発達障害，の5つの障がいがまとめて記載されている。

　現在運用されている DSM は，2013年5月に改訂された第5版（DSM-5）であり，「神経発達症群／神経発達障害群」として，

　　1）知的能力障害群，

　　2）コミュニケーション症群／コミュニケーション障害群

　　3）自閉スペクトラム症／自閉症スペクトラム障害

　　4）注意欠如・多動症／注意欠如・多動性障害

　　5）限局性学習症／限局性学習障害

　　6）運動症群／運動障害群

　　7）他の神経発達症群／他の神経発達障害群

の7つに分類されている（American Psychiatric Association, 2013 高橋・大野監訳, 2014）。DSM-5においては，典型的には発達早期から学童期に明らかになること，個人的，社会的，学業，職業等における支障があること，しばしば併存症を伴うこと，などが発達障がいをとらえるポイントとなっている（岡, 2016）。また，前版からの大きな変化として，知的障がい・自閉スペクトラム症・注意欠如・多動症が同じカテゴリーにおいてとらえられるようになったこと，及び「アスペルガー障害」が診断名から消失したことが挙げられる（宮川, 2014）。

（4）教育行政上の定義

　発達障がいの定義については，医療上の定義と教育行政上の定義が異なっていることには注意が必要である。文部科学省の文書においては，特殊教育から特別支援教育への転換を見据えた2007（平成19）年以来，発達障害者支援法の定義を「発達障害」の用語が示す障がいの範囲としており，上記医学的定義と相違がある。

　このように，立場によって定義が異なるのは，発達障がいが「見えない障がい」であり，その診断と対応の難しさを物語るものといえる。教育現場においては，医師の診断を根拠としつつ支援を展開しているが，必ずしも診断名にはこだわらず，目の前の子どもにとって何が学校生活上の困難や障壁となっているのか，どのような支援をすればその困難や障壁をなくしていけるのかを，子どもの育ちの観点から考えることが重要である。

2.「自閉スペクトラム症／自閉症スペクトラム障害」の理解

（1）自閉スペクトラム症とは

　「自閉症」の概念をはじめて提唱したのは，カナー（Kanner, 1943）である。カナーは，言葉によるコミュニケーションや社会性に著しい困難を有し，特定の事物へのこだわりが見られる症例を「早期幼児自閉症」として紹介した。その後，カナーの症例ほど重くはないが，社会性に困難を有する子どもたちの存在が知られるにつれ，「自閉症か否か」と二分法的なとらえ方ではなく，自閉的傾向の連続体（＝スペクトラム）としてとらえた方が適切であるとされ，「自閉スペクトラム症／自閉症スペクトラム障害」（Autism Spectrum Disorder：以下，ASD とする）と呼ばれるようになった。

（2）ASD の特徴

　ASD の特徴は，社会性とコミュニケーションの質的障がい，及び，著しい興味の限局と常同行動の2点である。こうした傾向には強弱や対象の個人差があり，ひとくくりにして理解することはできない。

　社会性とコミュニケーションの質的障がいの具体的な姿としては，目

が合わない，問いかけへの反応がオウム返しになる，言葉通りに理解してしまい冗談が通じない，相手の気持ちを読み取ることが難しい等が挙げられ，結果として対人関係の問題をかかえることが多い。興味の限局や常同行動の具体的な姿としては，特定の領域に深くのめりこむ，キラキラと光る水面やくるくる回る天井の扇風機をじっと見つめて動かない，手をひらひらさせる動作をずっと続ける等，それぞれこだわりのポイントがある。

（3）高機能の ASD

ASD には知的障がいを伴わない高機能タイプもある。さらに，高機能の中でも，言語発達の遅れがなく，コミュニケーションの障がいはないが，社会性の課題と興味の限局・こだわりのみがあるタイプは，DSM − Ⅳ − TR では「アスペルガー障害」に分類されていた。DSM-5 では「アスペルガー障害」の診断名は消失したが，診断名がなくなっても同状態の子ども達が存在することには変わりはない。高機能 ASD のある子ども達は通常学級に在籍していることがほとんどであり，適切な理解を得られないまま学校生活においてさまざまな困難を経験していることも少なくない。周囲による正しい理解と子ども達のニーズに対する合理的な配慮が必要であることはいうまでもない。

3.「限局性学習症／限局性学習障害」の理解

（1）限局性学習症とは

学習障がいは，DSM-5における「限局性学習症／限局性学習障害」（Specific Learning Disorder：以下，SLD とする）の定義とは別に，我が国では，1999年に発出された学習障がいおよびこれに類似する学習上の困難を有する児童生徒の指導方法に関する調査研究協力者会議による

「学習障害児に対する指導について（報告）」において次のように定義されている。

　学習障害とは，基本的に全般的な知的発達に遅れはないが，聞く，話す，読む，書く，計算する又は推論する能力のうち特定のものの習得と使用に著しい困難を示す様々な状態を指すものである。学習障害は，その原因として，中枢神経系に何らかの機能障害があると推定されるが，視覚障害，聴覚障害，知的障害，情緒障害などの障害や，環境的な要因が直接の原因となるものではない。

　つまり，全般的な知的発達の遅れはみられず，かつ医学的疾患もないにもかかわらず，特定の能力の学習に大きな困難のある子どもということになり，勉強嫌いなどの学業不振児とは区別される。上に挙げた文部科学省の定義にもあるように，原因としては，中枢神経系の機能障がいの存在が考えられているが，はっきりした医学的原因はいまだに解明されていない。

　医学的には，SLD は，文字を読むことの障がいである「読字障害」（ディスレクシア，失読症ともいう），文字を書くことの障がいである「書字表出障害」（ディスグラフィア），数の概念理解や計算の困難等の「算数障害」（ディスカリキュア）の３つを指し，話すことや聞くことに係る障がいは「コミュニケーション症群／コミュニケーション障害群」に分類される。

（2）SLD の特徴

　SLD のある子どもは，話し言葉に不自由しないことも多いため，幼児期には気づかれないことも少なくない。小学校に入ってから，他のこ

とには問題がないのに計算だけがどうしてもできない，漢字を正しく書くことができない，国語の教科書を読み上げることはできてもその意味がまったく理解できないなどの子どものようすから，教師や保護者が「何かおかしい」という形で気づくことが多い。一方で，「頑張りが足りない」と叱責されることや，「ちょっと勉強が苦手なだけ」と片付けられ，適切な配慮が受けられないこともある。

　障がい特性が友だちからからかわれる原因になることもあり，学習場面での失敗経験とも相まって，SLD のある子どもの自信喪失や学校ぎらいにつながることもある。教師のみならず，障がいに関する正しい知識を多くの人が共有することが，大切な課題となるゆえんである。

　SLD の有病率は，学齢期で 5 ～15%，成人では約 4 %と報告されている（若宮，2016）。SLD は，学齢期だけの問題ではなく，成人してからも読むことや意味の理解に多大な労力を費やすこともある（佐藤，2005）。SLD のある子どもや成人の発達と生活を支えていくために，多様な症状に応じた柔軟な支援が望まれる。

4.「注意欠如・多動症／注意欠如・多動障害」の理解

（1）注意欠如・多動症とは

　発達途上にある子どもが，よく動き，落ち着きがないということそのものは，決して珍しいことではない。しかし，小学生が授業中でも離席して教室を歩き回り，あげくに教室を飛び出してしまう，一定時間注意を持続しながら先生の話を聞くことができない，授業中に大きな声で先生や友だちにヤジを飛ばすなど，発達段階と照らし合わせて考えて，過度の不注意と衝動性，多動がみられる場合は，「注意欠如・多動症／注意欠如・多動性障害」（Attention-Deficit/Hyperactivity Disorder：以下，ADHD とする）が疑われる。

　こうした過度の落ち着きのなさについては，欧米では20世紀初頭より小児科領域ですでに取り上げられており，脳の微細な損傷などが原因となって，注意の集中や行動のコントロールができなくなっていると考えられてきた（田中，2005）。ADHD の診断基準において注意すべき点は，該当項目が複数の場面で特筆すべき行動として認められること，および社会的・学業的な困難を招いていることである。

　我が国では，1990年代後半から，授業中にもかかわらず着席せず授業中教室内を歩き回る児童や，おしゃべりが止まらない児童などの存在が目立ち始め，授業が成り立たない，いわゆる「学級崩壊」という現象が問題視されるようになった。その原因については，教師の指導力不足や，家庭の教育力の低下など多様な議論が展開したが，それまで一般にはあまり知られていなかった ADHD のある子ども達の存在も指摘され，支援の対象として大きくクローズアップされることになったという経緯がある。

　我が国における ADHD の定義としては，文部科学省（2003）が次のように提唱している。

　ADHD とは，年齢あるいは発達に不釣り合いな注意力，及び／又は衝動性，多動性を特徴とする行動の障害で，社会的な活動や学業の機能に支障をきたすものである。

　また，7 歳以前に現れ，その状態が継続し，中枢神経系に何らかの要因による機能不全があると推定される。

　実際の ADHD の診断については，上記の教育行政上の定義ではなく，DSM-5を判断基準として診断がなされる。DSM-5においては，年齢の高い ADHD の問題を反映して，症状発現年齢の下限が 7 歳から12歳に

引きあげられ，17歳以上の成人に関しては診断基準が緩和されている。

　ADHDの有病率は，小児期で3.4％と高く，男女比は3：1〜4：1と圧倒的に男性に多いことも指摘されている（石井・桑原，2016）。ADHDの原因については，SLD同様はっきりとは解明されていないが，中枢神経系の生化学的バランスの崩れが関連していることはかねてより指摘されており（岡内・高砂，1998），神経伝達を整えることを目的とするコンサータやストラテラなどを用いた薬物療法と，環境調整・行動療法を併せて治療が行われる（広瀬，2016）。両薬物の有効率は80〜90％といわれるが，薬物がADHDの万能薬ではないことには注意が必要である。安直に特定の薬物のみに頼るという対応ではなく，日常的な行動面・心理面双方においてサポートしていく姿勢が周囲には求められるだろう。

5．発達障がいのある子どもへの支援の基本

　定型発達とは異なる道筋で発達していく発達障がいのある子どもへの適切な支援とは，どのようなものだろうか。感情的に叱らないこと，指示を出す時は一度に一つずつ，かつ具体的にどうすればよいかをはっきり伝えること，理解を促すために適宜絵カードを活用すること等が一般的な留意点とされている。しかし，発達障がいのある子どもの状態は極めて多様であり，複数の発達障がいを併せ有することも多い。生活場面におけるどの場面で困難を感じているのかも子どもによって異なっているし，学校生活上のつまずきも個々それぞれである。どの子どもにも有効な，一般的な指導法を確立することは難しい。個々の子どもの発達の状態と障がい特性，つまずきについての正確なアセスメントに基づき，目の前の子どもを理解することから始め，その子どもに必要な配慮や援助を，支援機器の活用も含め個別に考えていくことが肝要である。

発達障がいのある子どもは学校生活の中で失敗経験を積み重ねることが多く，二次障がいとしていじめや不登校という問題をかかえることも多い。そうした二次障がいを予防するためにも，学校や人とのかかわりが嫌にならないよう，教師や周囲の支援者は丁寧なかかわりを続けなくてはならないだろう。

学習課題

1　ASD，SLD，ADHD の障がい特性をまとめてみよう。
2　発達障がいのある子どもの学びに有効な支援機器にはどのようなものがあるだろうか。調べてみよう。
3　「教室でじっと座って授業を受けることが難しく，突然自分の関心のある分野のことをとうとうと話しつづける子ども」に対して，教師としてどのような対応が適切だろうか。考えをまとめてみよう。

引用文献

American Psychiatric Association（2013）. *Diagnostic and Statistical Manual of Mental Disorders, Fifth Edition* Arlington, ：American Psychiatric Publishing.（米国精神医学会　髙橋三郎・大野裕（監訳）（2014）. DSM-5精神疾患の診断・統計マニュアル　医学書院）

広瀬宏之（2016）. 薬物療法と注意点　ADHD　平岩幹男（編）　データで読み解く発達障害（pp.191-194）　中山書店

石井礼花・桑原斉（2016）. ADHD　疫学と家族歴　平岩幹男（編）　データで読み解く発達障害（pp.32-33）　中山書店

Kanner, L.（1943）. Autistic disturbances of affective contact. *Nervous Child*, 2, 217-250.

宮川充司（2016）. アメリカ精神医学会の改訂診断基準　DSM-5：神経発達障害と

知的障害，自閉症スペクトラム障害　椙山女学園大学教育学部紀要，7，65-78.

文部科学省初等中等教育局特別支援教育課（2012）．通常の学級に在籍する発達障がいの可能性のある特別な教育的支援を必要とする児童生徒に関する調査結果について

http://www.mext.go.jp/a_menu/shotou/tokubetu/material/__icsFiles/afieldfile/2012/12/10/1328729_01.pdf（閲覧日：2018年10月）

文部科学省：特別支援教育の在り方に関する調査研究協力者会議（2003）．今後の特別支援教育の在り方について（最終報告）　文部科学省

文部省学習障がいおよびこれに類似する学習上の困難を有する児童生徒の指導方法に関する調査研究協力者会議（1999）．学習障害児に対する指導について（報告）　文部科学省

岡　明（2016）．発達障害とは　平岩幹男（編）　データで読み解く発達障害（pp.2-5）中山書店

岡内　隆・高砂美樹（1998）．注意欠陥多動性障害の動物モデル　脳の科学，20，177-183.

佐藤克敏（2005）．LD（学習障害）の特性と理解　教職研修9月号増刊，教育開発研究所

田中康雄（2005）．ADHD（注意欠陥／多動性障害）の特性と理解　教職研修9月号増刊，教育開発研究所

若宮英司（2016）．学習障害（LD）疫学と家族歴　平岩幹男（編）　データで読み解く発達障害（pp.53-54）　中山書店

参考文献

平岩幹男（編）（2016）．データで読み解く発達障害　中山書店

国立特別支援教育総合研究所（2015）．特別支援教育の基礎・基本（新訂版）　ジアース教育新社

上原芳枝・榊原洋一（監）（2011）．発達障害サポートマニュアル　PHP研究所

14 | 特別な教育的ニーズのある子ども への教育支援

谷口明子

《目標＆ポイント》 我が国の障がいのある子ども達への教育は大きな変貌を遂げつつある。2006（平成18）年の学校教育法一部改正において特別支援学校が法的に位置づけられたことを受け，翌2007（平成19）年には特別支援教育が幕開けを迎えたことは記憶に新しい。2014（平成26）年の「障害者権利条約」の批准，そして2016（平成28）年の「障害者差別解消法」の施行を受け，学校における特別なニーズのある子どもへの支援は，共生社会の形成に向けたインクルーシブ教育システムの構築を目指して急速な展開を見せている。本章では，特別支援教育の概要と，5つの障害種の中で比較的知悉度の低い「病弱・身体虚弱」に焦点を当てて支援について学ぶ。

《キーワード》 特別支援教育，障害者差別解消法，病弱・身体虚弱，インクルーシブ教育システム

1. 特殊教育から特別支援教育へ

（1）障がい観の変遷

　我が国における特別支援教育をめぐる改革の背景には，世界的なノーマライゼーション推進の流れとともに，障がいをどのようにとらえるかという障がい観の変遷がある。世界保健機構（WHO）は，1980年に「国際障害分類（International Classification of Impairments, Disabilities and Handicaps：ICIDH）」を発表し，障害を「機能障害（Impairments）」，「能力低下（Disabilities）」，「社会的不利（Handicaps）」の三つの分類

から構造化してとらえる見方を提示した（**図14-1**参照）。しかし，この見方には，矢印の一方向性や障がいのマイナス面が強調されすぎていること，環境要因や社会的不利について十分考えられていないという批判があった。こうした批判を受けて2001年に改訂版として採択されたのが「国際生活機能分類（International Classification of Functioning, Disability and Health：ICF）」（**図14-2**参照）である。

ICFは，障がいのある人だけではなく全ての人の生活機能をとらえる「人が生きることの全体像をとらえる統合モデル」（上田，2005）であり，

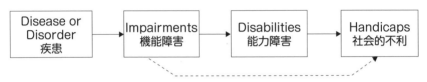

図14-1　国際障害分類（ICIDH）概念モデル（WHO, 1980）

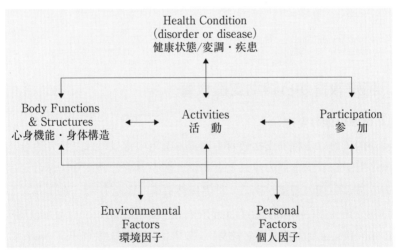

図14-2　国際生活機能分類（ICF）概念モデル（WHO, 2001）

本人・家族・専門職間の共通言語として相互理解と連携を促進すること
が期待されている。ICF の特徴としては，以下の4点が挙げられる。

① 「心身機能・構造」「活動」「参加」の3つのレベルから生活機能
　をとらえていること。特に，「活動」に関しては「できる活動」（能
　力）と「している活動」（実行状況）に分けてとらえていること。

② ICIDH が障がいのマイナス面を強調していたのに対し，プラス
　面を重視していること。

③ 要素間の関係が双方向の矢印で表され，相互作用モデルとなって
　いること。

④ 背景因子として「環境因子」と「個人因子」を導入したこと。

　教育において大切なことは，一人一人の子どものニーズを把握し，適
切な支援を提供することである。中央教育審議会答申には，「ICF（国
際生活機能分類）の考え方を踏まえ，自立と社会参加を目指した観点か
ら，子どもの的確な実態把握，関係機関等との効果的な連携，環境への
配慮などを盛り込む」（中央教育審議会，2008）と明記されており，子
ども達への効果的な教育支援のために ICF を有効に活用することが望
まれている。

（2）特別支援教育への移行

　「今後の特別支援教育のあり方について（最終報告）」（文部科学省，
2003）において，従来の法的な「特殊教育」そして通称の「障害児教育」
に代わるものとして，「特別支援教育」が提起された。2006（平成18）
年には学校教育法の一部が改正され，従来の盲・聾・養護学校は，障が
いの種別を超えた特別支援学校に一本化され，地域の小・中学校の特殊
学級も特別支援学級と名称をあらためることとなった。

　こうして，特別支援教育が2007（平成19）年4月にスタートした。障

がいのある子ども達への教育支援は，従来の障害の種別に応じて丁寧な教育を行ってきた特殊教育の在り方を継承しつつも，そこからさらに発展し，分離した特別な場のみならず，通常学級をも含めた多様な場において，一人一人の特別な教育的ニーズに応じた支援となったのである。

（3）障害者差別解消法と学校教育

2016（平成28）年4月，「障害を理由とする差別の解消の推進に関する法律」（略称「障害者差別解消法」）が施行された。本法においては，障がいを理由とする差別的取扱いが厳に禁じられるとともに，障がい児・者に対して合理的配慮を提供することが，国公立学校などの公的機関には法的義務として，私立学校などの民間業者には努力義務として課せられている。

障害者差別解消法は，障害者権利条約と同じく，障がいは社会的障壁との関係において生ずると考える立場をとり，社会的障壁の除去を志向するものである。学校現場においても，子ども達にとって何が障壁となっているのかを考え，支援を提供する必要がある。

2. 特別支援教育の概要

（1）特別支援教育の理念と基本的な考え方

特別支援教育とは，「障害のある幼児児童生徒の自立や社会参加に向けた主体的な取組を支援するという視点に立ち，幼児児童生徒一人一人の教育的ニーズを把握し，その持てる力を高め，生活や学習上の困難を改善又は克服するため，適切な指導及び必要な支援を行うもの」（中央教育審議会，2005）とされている。

前章において学んだ発達障がいのある子ども達は，それまで支援の対象とみなされてこなかったが，特別支援教育においては適切な指導と支

援を提供すべき存在として認められるようになったのである。

　こうした特別支援教育の理念と基本的な考え方は，障がいの有無にかかわらず，人格と個性を尊重し支え合う共生社会の実現のため広く国民全体が共有すべきものと考えられており，学校教育は障がいのある子ども達の自立と社会参加という長期的な見通しのもとに，適切な支援を提供することが求められている。

（2）特別支援教育の対象

　特別支援教育の対象は，かつての特殊教育の対象である特別支援学校，小学校・中学校に設置されている特別支援学級に在籍する児童生徒，そして通常の学級に在籍しつつ通級による指導を受ける児童生徒に加え，発達障がいのある児童生徒となる（**図14−3**参照）。

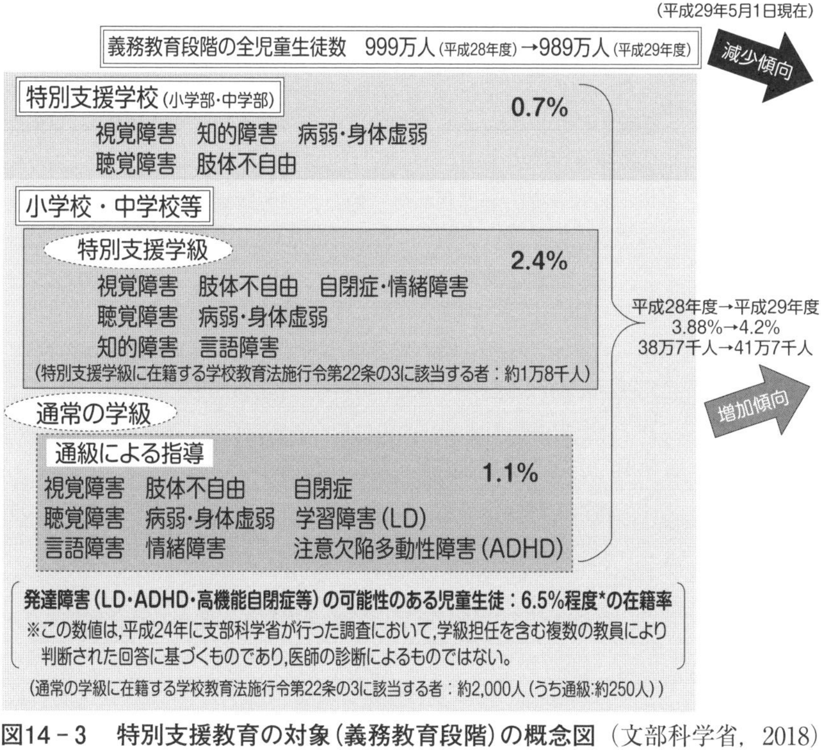

（平成29年5月1日現在）

義務教育段階の全児童生徒数　999万人（平成28年度）→989万人（平成29年度）　減少傾向

特別支援学校（小学部・中学部）　**0.7%**
　視覚障害　知的障害　病弱・身体虚弱
　聴覚障害　肢体不自由

小学校・中学校等
　特別支援学級　**2.4%**
　　視覚障害　肢体不自由　自閉症・情緒障害
　　聴覚障害　病弱・身体虚弱
　　知的障害　言語障害
　（特別支援学級に在籍する学校教育法施行令第22条の3に該当する者：約1万8千人）

　通常の学級
　　通級による指導　**1.1%**
　　視覚障害　肢体不自由　　自閉症
　　聴覚障害　病弱・身体虚弱　学習障害（LD）
　　言語障害　情緒障害　　　注意欠陥多動性障害（ADHD）

平成28年度→平成29年度
3.88%→4.2%
38万7千人→41万7千人

増加傾向

発達障害（LD・ADHD・高機能自閉症等）の可能性のある児童生徒：6.5%程度*の在籍率
※この数値は，平成24年に文部科学省が行った調査において，学級担任を含む複数の教員により判断された回答に基づくものであり，医師の診断によるものではない。
（通常の学級に在籍する学校教育法施行令第22条の3に該当する者：約2,000人（うち通級：約250人））

図14−3　特別支援教育の対象（義務教育段階）の概念図（文部科学省，2018）

212

通級による指導とは，小学校・中学校の通常の学級に在籍する障がいのある児童生徒が受ける教育である。各教科等ほとんどの授業を通常の学級で行いつつ，障がいに基づく種々の困難の改善・克服に必要な特別の指導を，特別の場において週に1時間〜8時間行う教育である。

特別支援学校の対象となる児童生徒の障がいの程度は，学校教育法施行令22条の3において規定されている（**表14-1**参照）。

義務教育段階における特別支援教育の対象となる児童生徒数は，全児童生徒数は減少傾向にあるにもかかわらず，増加の一途を辿っている。

表14-1　学校教育法施行令22条の3（特別支援学校の対象となる障がいの程度）

区分	障害の程度
視覚障害者	両眼の視力がおおむね0.3未満のもの又は視力以外の視機能障害が高度のもののうち，拡大鏡等の使用によっても通常の文字，図形等の視覚による認知が不可能又は著しく困難な程度のもの
聴覚障害者	両耳の聴力レベルがおおむね60デシベル以上のもののうち，補聴器等の使用によっても通常の話声を解することが不可能又は著しく困難な程度のもの
知的障害者	1．知的発達の遅滞があり，他人との意思疎通が困難で日常生活を営むのに頻繁に援助を必要とする程度のもの
	2．知的発達の遅滞の程度が前号に掲げる程度に達しないもののうち，社会生活への適応が著しく困難なもの
肢体不自由者	1．肢体不自由の状態が補装具の使用によっても歩行，筆記等日常生活における基本的な動作が不可能又は困難な程度のもの
	2．肢体不自由の状態が前号に掲げる程度に達しないもののうち，常時の医学的観察指導を必要とする程度のもの
病弱者	1．慢性の呼吸器疾患，腎臓疾患及び神経疾患，悪性新生物その他の疾患の状態が継続して医療又は生活規制を必要とする程度のもの
	2．身体虚弱の状態が継続して生活規制を必要とする程度のもの

（3）個別の指導計画と個別の教育支援計画

　個別の指導計画とは，一人一人の教育的ニーズに応じた指導を継続的・発展的に行うための教育計画であり（土肥，2009），学校の教育目標や学年・学級の指導目標に基づき作成することが義務づけられている。一方，個別の教育支援計画は，教育機関在籍中のみならず，生涯にわたる組織的・体系的かつ一貫した支援を目的として作成される。家庭・地域・医療・福祉・保健・労働等の業務を行う関係機関との連携を図り，長期的な視点で児童生徒への教育的支援の実現が目指されている。

　このような計画的支援は特別支援学校だけに求められているわけではない。小学校・中学校においても特別支援学級または通級による指導について同様の計画的支援が求められており，学校種間や学校から社会への移行期に起こりがちな，支援の分断の未然防止が模索されている。

3. 病弱教育：病弱児への教育支援

（1）病弱教育とは

　病弱教育とは，「病弱・身体虚弱教育」の略称であるが，この「病弱」「身体虚弱」という言葉は医学的な定義のある術語ではなく，慢性的な疾病または特異体質のため体力が弱っている状態を表す一般的な意味で用いられている。教育行政上は，疾患が長期にわたっている者，または長期にわたる見込みがある者で，慢性の疾患を有し，継続的な医療または生活規制を必要とする者を「病弱」，先天的または後天的な要因により，身体諸機能に異常があったり，疾病に対する抵抗力が著しく低下していたり，頭痛や腹痛などのいろいろな不定の症状を訴える者，あるいは疾病の徴候が起こりやすいがすぐ入院治療というわけではない者を「身体虚弱」と規定している（国立特別支援教育総合研究所，2015）。

　近年の傾向として，喘息など呼吸器系の疾患や筋ジストロフィーなど

神経系疾患，腎臓疾患のある児童生徒数は減少し，心身症や精神疾患，腫瘍など新生物（白血病などの小児がん等），アトピー性皮膚炎など皮膚疾患が増加している（日下，2015）。小児がんのある児童生徒数の増加は，罹患率の上昇というよりも，治癒率の上昇により教育の必要性が認識されたことに起因すると考えられる。

（2）病弱教育の場

　学校組織としては，特別支援学校（病弱）（他の障がい種との併置校を含む）と病院内に設置されている特別支援学校の分校や分教室，地域の小・中学校の病弱特別支援学級，地域の小・中学校内に設置された病弱・身体虚弱特別支援学級がある（図14‐4参照）。

　教育のハード面に関しては，都道府県立特別支援学校（病弱）は，病院とは独立した敷地・建物をもち，音楽室等の特別教室や体育館等，いわゆる学校としての設備を備えていることが多い。一方，病院内に設置

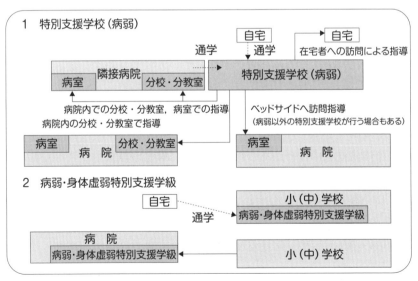

図14‐4　病弱教育の場

出典：国立特別支援教育総合研究所「学校の先生方へ　病気の子どもの理解のために」
http://www.nise.go.jp/portal/elearn/shiryou/byoujyaku/pdf/pamphlet_2.pdf

されている分校・分教室・特別支援学級は，病院の一角の1，2部屋を学級として使用させてもらい，小学生と中学生もひとつの教室の中で机を並べるという形式をとらざるを得ないことも多く，必ずしも整備された環境とはいえない中で教育が行われていることもある。

（3）病弱教育の意義

病弱教育の意義としては，学習の遅れの補完と学力補償以外にも次の4点が示されている（文部省，1994）。

①積極性・自主性・社会性の涵養

②心理的安定への寄与

③病気に対する自己管理能力の育成

④治療上の効果等

他にも，行動や食事など制限の多い生活から狭くなりがちな病弱児の視野を体験学習によって広めること，学校行事の存在が単調な入院生活のリズムをつくることや，病弱児の保護者にとっての相談相手としての教師の存在も病弱教育の意義といえるだろう。

（4）病弱児の心理

病弱児は，疾患の予後や治療に伴う容姿の変容，他の子ども達とは異なる生活面の制約や家族と離れての入院生活等に起因する不安を抱きながら生活しているといわれ，心理的問題をかかえやすいことが指摘されている。

病弱児のパーソナリティ特性としては，入退院の繰り返しや過去の入院経験・家庭療養等の結果としての学習の遅れによる焦りや劣等感を強くもっており，根深い不安や葛藤をかかえていること，また，長期間の療養からくるいらだちから短気・衝動的であること，過保護な家庭環境

から依存性が高く，消極的かつ無気力で根気がないこと等のネガティブ
な特性があげられることが多い。これらの特性は，薬や疾患の影響によ
る神経系への影響に起因するとされることもあるが，むしろ疾患に伴う
入院や治療という特殊な生活パターンや家庭環境等の二次的要因によっ
て生じたものと考えられる。

　また，入院という特殊な状況下の不安としては，

①**将来への不安**：仕事や結婚など自分の将来や退院後の生活への不安

②**孤独感**：本来の生活環境から切り離されて感じる孤独な気持ち

③**治療恐怖**：検査や治療への嫌悪感と恐怖心

④**入院生活不適応感**：入院生活に関する不満や不適応感

⑤**とり残される焦り**：勉強や友だちの話題についていけなくなるので
　はないかとの焦り

の5つを挙げることができる（谷口，2009）。「病弱児の不安」と一口に
いっても，さまざまな思いを抱きながら子ども達が日々を送っているこ
とがうかがわれる。

　病弱児の心のありようは実際には個人差が大きく，安易な一般化はで
きないと思われる。これまで述べてきたように，一般にはネガティブな
側面が指摘されることが多いが，一方で，健康と生命の大切さが分か
る・本当の友人とは何かが分かる・周囲への思いやり・自分のがんばり
への誇りをもっているなど，厳しい治療を経験した子ども達ならではの
ポジティブな側面も指摘されている。こうしたポジティブな側面に焦点
をあて，大切にしていくことも支援の課題といえるだろう。

（5）病弱児のニーズに応える教育支援の課題

　「長期入院児童生徒に対する教育支援に関する実態調査」（文部科学省，
2014）によれば，2013（平成25）年度中に病気やけがによる入院により

転学等をした児童生徒は，延べ約5,000人いることが明らかにされている。転学とはいえ，うち7割が前籍校（もともと学籍のあった学校）に戻っており，前籍校が退院後を見据えて病状等の実態把握や相談，自宅療養中の学習指導を行っていることも示されている。しかし，病気やけがにより長期入院（年間延べ30課業日以上）した児童生徒の約半数には在籍校による学習指導が行われていないことが明らかになっている。在籍児童生徒が長期入院した小・中学校は，全小・中学校の1割弱にあたる約2,400校にものぼり，長期入院児童生徒への対応は特別な学校に限定された課題ではなく，どの学校においても必要性があることも示唆された（国立特別支援教育総合研究所，2017）。1990年代以前に比すれば改善されたとはいえ，教育機会の保障に関しても，病院内教育施設の設置とあわせ，病院訪問教育・ベッドサイド学習（教師が病室へ直接出かけて行き，授業を行う学習形態のこと）担当の人員確保・自宅療養中の子どもへの教師派遣等，課題は多々残っている。

　その他にも課題は山積している。特別支援教育全体の課題とも重なるところもあるが，病弱教育において解決が望まれる課題としては以下のものがある。

　①**学籍の移動**：病弱教育機関において教育を受けるにあたっては，原則として学籍の移動，すなわち正式な転校の手続きが必要だが，入院の短期化・頻回化という現状にそぐわないことも多い。手続きの煩雑さや，地元の学校と縁が切れてしまうような気がするといった心理的な抵抗感から転校をためらうケースも多く，結果として教育保障がなされないままになってしまうという事態も憂慮されている。手続きの簡素化と学籍への配慮が強く望まれるゆえんである。

　②**復学支援**：約7割の児童生徒が前籍校へ復学するとはいえ，長期にわたる不在後の復学は病弱児にとって体力的にも心理的にも負担の

大きいものである。前籍校に戻る移行を円滑にするために，関係者が一堂に会する支援会議の開催や，前籍校の学習の進み具合に間に合うよう学習を進めておいたり，クラスメートとの接点をもつよう試みたりという復学時の取り組みが求められている。

③ **ICT 活用**：ICT の活用は教育界全体の大きな課題ではあるが，病弱教育においては，独自の意義を有する。入院中の子ども達は，生活の場である地域や家庭から物理的にも関係的にも切り離されてしまう。ロボットやインターネットを通した通信を利用することにより，前籍校の教室と院内学級をつないだり，また無菌室と院内学級をつないだりすることで，子ども達の孤立感をやわらげる，或いはスムーズな復学につながることが期待される。また，子ども達の経験不足を補うために，タブレット型端末を活用して，病院外の情報に接したり，間接体験や疑似体験を授業に取り入れたりする指導方法の工夫が行われている。

④ **医療・福祉等多方面との連携の必要性**：病弱教育においては，医療・家庭・地域の学校との連携の必要性はかねてより強く認識されている。病弱教育担当教師の教育実践そのものが，病弱児を囲む援助資源のあいだをつなぎ，サポートネットワーク構築に大きく貢献していることも指摘されるが（谷口，2009），よりよい教育的支援実現のために，よりシステマティックな連携のしかたを探らなければならない。さらに，入院の短期化に伴い連携のスピードアップと強化が求められている。

⑤ **キャリア教育**：教育が子ども達の自立と社会参加を目指して展開することは，病弱教育も何ら変わることはない。しかし，病弱教育は，通常の小学校・中学校のように6年間もしくは3年間の教育期間が設定されているわけではなく，多くの場合一時的である。入院期間

の短期化も進む中で，キャリア教育をどのように展開するかは，病弱教育のかかえる実践上の困難の１つとなっている。

4. インクルーシブ教育システムの構築に向けて

　文部科学省は，2012（平成24）年７月「共生社会の形成に向けたインクルーシブ教育システム構築のための特別支援教育の推進（報告）」において，共生社会実現のために特別支援教育が果たす役割の大きさを確認している。「インクルーシブ教育システム」とは，人間の多様性の尊重等の強化，障がい者が精神的及び身体的な能力等を可能な最大限度まで発達させ，自由な社会に効果的に参加することを可能とするとの目的の下，障がいのある者と障がいのない者が共に学ぶ仕組みのことである。障がいのある者が教育制度一般から排除されないこと，自己の生活する地域において初等中等教育の機会が与えられること，個人に必要な「合理的配慮」が提供される等が必要とされることは，障害者権利条約に定められている。個別性の高い特別な教育的ニーズのある子ども達の自立と社会参加という長期的な展望のもとに，各教育段階においてニーズに応える指導を展開できる，多様な学びの場を準備することも必要となる。教育現場において基礎的環境の整備を行い合理的配慮を提供すること，交流及び共同学習の機会を確保することによって，社会全体を変えていくことが期待されており，そのための教師の専門性の向上が喫緊の課題となっている。

学習課題

1　障がいのある子どもが学ぶ場として，通常の学級と特別支援学校のどちらがよいのだろうか。それぞれのメリットとデメリットをまとめ

てみよう。

2　病弱教育を担当する教師に必要な専門性とはどのようなものだろう
　か。考えをまとめてみよう。

3　共生社会の実現に向けて私たちにできることは何か，周囲の人と話
　し合い，できることを考えてみよう。

引用文献

中央教育審議会 (2005).「特別支援教育を推進するための制度の在り方について（答申）　文部科学省
http://www.mext.go.jp/a_menu/shotou/tokubetu/main/001.htm（閲覧日：2019年2月10日）

中央教育審議会 (2008). 幼稚園，小学校，中学校，高等学校及び特別支援学校の学習指導要領等の改善について（答申）　文部科学省
http://www.mext.go.jp/a_menu/shotou/new-cs/information/1290361.htm（閲覧日：2019年2月10日）

国立特別支援教育総合研究所 (2015). 特別支援教育の基礎・基本（新訂版）　ジアース教育新社

国立特別支援教育総合研究所 (2017). 病気の子どもの教育支援ガイド　ジアース教育新社

日下奈緒美 (2015). 平成25年度全国病類調査にみる病弱教育の現状と課題　国立特別支援教育総合研究所研究紀要，42, 13-25.

文部科学省 (2003). 今後の特別支援教育のあり方について（最終報告）
http://www.mext.go.jp/b_menu/shingi/chousa/shotou/054/shiryo/attach/1361204.htm（閲覧日：2019年2月10日）

文部省 (1994). 病気療養児の教育について（通知）
http://www.mext.go.jp/b_menu/hakusho/nc/t19941221001/t19941221001.html（閲覧日：2019年2月10日）

谷口明子 (2009). 長期入院児の心理と教育的援助−院内学級のフィールドワーク　東京大学出版会

土肥　満（2009）．個別の指導計画　特別支援教育の実践情報，129（2009年 4 ／ 5 月号臨時増刊），38-41.

上田　敏（2005）．ICF（国際生活機能分類）の理解と活用―人が「生きること」「生きることの困難（障害）」をどうとらえるか　萌文社

参考文献

国立特別支援教育総合研究所（2015）．特別支援教育の基礎・基本（新訂版）　ジアース教育新社

日本育療学会（編）（2019）．標準「病弱児の教育」テキスト　ジアース教育新社

全国特別支援学校病弱教育校長会（2015）．病弱教育における教科等の指導　ジアース教育新社

全国特別支援学校病弱教育校長会（2012）．特別支援学校の学習指導要領を踏まえた 病気の子どものガイドブック―病弱教育における指導の進め方　ジアース教育新社

15 | キャリア教育

谷口明子

《目標＆ポイント》 若年層の労働問題を背景として2000年初めごろから全国の学校教育現場においてさまざまなキャリア教育実践が展開している。当初は職業と直接的に関係する取り組みが多かったが，現在では，キャリア教育は子ども達の社会的自立を視野にいれた「生きる力」を育む生き方支援と幅広く考えられている。本章では，本科目のまとめとしてキャリア教育について概説し，子ども達の現在，そして明日を支える教育とは何かを教育・学校心理学の立場から考える。

《キーワード》 ライフキャリア，勤労観・職業観，基礎的・汎用的能力，社会的自立

1. キャリア教育とは

（1）キャリア教育とは

あなたは，「キャリア」といわれてどのようなことを思い浮かべるだろうか。「あの人のキャリアはすごいねぇ……」「所詮，キャリア不足なのよ」というときは「職歴」，「キャリア・ウーマン」というときは「仕事ができる」……。このように，「キャリア」という言葉は「仕事・職業」という意味合いで用いられることが多い。

「キャリア」の語源は，「荷車」の意味をもつラテン語にあるとされる。すなわち，「道に残る車輪の跡，わだち」という意味を元来有する言葉であり，「人生の道筋」を指すと考えられる。

　先述の通り，「キャリア」は，一般的には「職業」と結びついてとらえられがちであるが，キャリアには職業経歴や仕事そのものを指すワークキャリアと，職業生活を含むさまざまな生活場面で個人が果たす役割を踏まえた働き方や生き方を指すライフキャリアの二つの意味がある。我が国のキャリア教育においては，広く後者の立場に立ち，キャリアを「人が，生涯の中でさまざまな役割を果たす過程で，自らの役割の価値や自分と役割との関係を見いだしていく連なりや積み重ね」という意味で考えている。

（2）キャリア教育の歴史的変遷

　我が国の公文書に「キャリア教育」という文が初めて登場したのは，1999（平成11）年12月に中央教育審議会より出された答申「今後の初等中等教育と高等教育の接続の改善について」である。新卒者のニート・フリーター化や早期離職者の増加といった若年者雇用の問題が社会問題として浮上し（藤田，2014），精神的・社会的自立の遅れという子ども達の育ちや働くこと・生きることへの関心・意欲の低下への対策として，学校におけるキャリア教育の必要性が謳われたのである。つまり，キャリア教育は，school to work といわれるような学校から社会への移行の困難への対策として始められたのである。

　働くことをめぐる子ども・若者の問題は，社会的には2003（平成15）年に省庁の境界を超えた「若者自立挑戦プラン」として政策的対応がなされ，教育現場では，中学校における職場体験の定着に示されるようなキャリア教育の隆盛へと展開し，学校教育が職業についての教育をも担うこととなった。

　こうした背景から，当初は職業教育に近い実践がキャリア教育実践として数多く見られた。同時に，「結局は職業教育と同じでしょ!?」「職場

体験や外部講師による講演等イベントをすればいいんでしょ!?」といった誤解を耳にすることも多かった。現在では，キャリア教育は，特別なイベントや行事を行うことだけではなく，日常的な教育実践をキャリア教育の視点から見直すことにより実践の質の向上を図り，子ども達の社会的自立に必要な「生きる力」を育む生き方支援と考えられるようになっている。

（3）キャリア教育の理論的背景：キャリア発達の理論

　我が国のキャリア教育は，職業選択を人間の発達過程の一部としてとらえるスーパー（Super, 1957）の職業的発達理論に基づいている。スーパーは，自己をどのようにとらえるかという自己概念や，現実の世界とのかかわりとどのように折り合いをつけ統合していくかという観点を入れた，生涯にわたる職業的発達段階理論を提唱した（**表15-1**）。また，スーパーら（Super, Savickas, & Super, 1996）は，この職業的発達理論をベースにしつつ，職業だけではなく，社会人・家庭人・子ども・親等，社会において人が果たす役割全般を視野にいれたライフキャリアという概念を打ち出した（**図15-1**）。

　キャリアの発達とは，社会的相互作用の中で，種々の社会的役割間のバランスを自分なりにとりながら自分らしい生き方を模索し実現していく，一生涯にわたるプロセスなのである。

2. キャリア教育を通して育成したい力

（1）社会的自立のために必要な力とは

　キャリア教育のねらいとして，子ども達にどのような力をつけることが目指されているのだろうか。現在，「人間力」（内閣府，2003），「就職基礎能力」（中央職業能力開発協会，2004）等，社会で生きていく上で

表15－1　スーパーの職業発達段階理論

職業的発達段階		発達課題
成長段階 （誕生〜14歳）	空想期 （4〜10歳）	家庭や学校での，主要人物との同一視によって自己概念が発達する。職業については初期には空想と欲求に基づいた考え方が優勢だが，社会参加が進むにつれて職業への興味や，適性に対する興味が生まれる。
	興味期 （11〜12歳）	
	能力期 （13〜14歳）	
探索段階 （15〜24歳）	暫定期 （15〜17歳）	学業や余暇活動で，興味・適性・能力に関する自己吟味や，職業に関する情報の探索が始まる。またアルバイトなどの職場に参加する機会を通して，自己吟味を深めていく。
	移行期 （18〜21歳）	
	試行期 （22〜24歳）	
確立段階 （25〜44歳）	修正期 （25〜30歳）	自分に適した職業分野を見つけて，それを長く続けていこうとする努力がなされる。仕事に対する考え方や価値観が，仕事を進めていく中で修正され，より現実的なものになっていく。
	安定期 （31〜44歳）	
継続段階 （45〜64歳）		自分が選択した職業分野での地位が確立し，これを維持し発展させようとする。
下降段階 （65歳以上）	減退期 （65〜70歳）	職業へのスタンスが，積極的な参加者から指導者，観察者へ移り変わっていく。イニシアチブを次世代に譲り渡すことを受け入れることができる。
	引退期 （71歳〜）	

※（Super, 1957）に基づき筆者が作成

必要とされるさまざまな力の概念が提唱されているが，社会に出る前に身につけるべき力として最も頻繁に参照されるのが，経済産業省（2006）が提唱した「社会人基礎力」であろう。

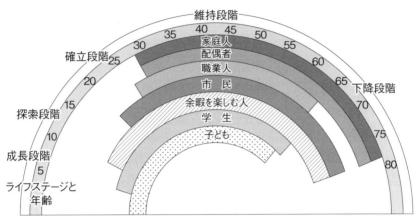

図15-1　ライフキャリア・レインボー
(Super, Savickas, & Super, 1996)

「社会人基礎力」とは，産学の有識者が「職場や地域社会で多様な人々と仕事をしていくために必要な基礎的な力」として掲げた能力のことであり，下記３つの能力・12の能力要素から構成されている。主体性・働きかけ力・実行力の３要素から成る「前に踏み出す力（アクション）」，課題発見力・計画力・創造力の３要素から成る「考え抜く力（シンキング）」，発信力・傾聴力・柔軟性・状況把握力・規律性・ストレスコントロール力の６要素から成る「チームで働く力（チームワーク）」の３つの能力である。こうした能力を身につけてから社会に出てきてほしいという産業界の願いは，同時に産業界から教育への要請でもあろう。

「社会人基礎力」は，現状では学校から社会への移行の出口である高等教育において取り上げられることが多い。では，初等教育や中等教育において身につけるべき能力をどのように考えればよいのだろうか。「社会人基礎力」に掲げられた能力の中には，高等教育段階のみでの育成というよりも，より早い発達段階から長い時間をかけて育むべき能力

も数多く含まれている。各発達段階においても，社会の一員となって生活する時を見据えたキャリア発達支援が必要であることはいうまでもない。

（2）勤労観と職業観

　キャリア教育が提唱された当初のねらいは「職業観・勤労観を育む」（国立教育政策研究所生徒指導研究センター，2002）ことであった。職業観・勤労観は，「職業や勤労についての知識・理解及びそれらが人生で果たす意義や役割についての個々人の認識であり，職業・勤労に対する見方・考え方，態度等を内容とする価値観」であるとされた。職業遂行上必要な知識や技能を教えることのみならず，働くことにかかわる価値観の育成に焦点が当てられた。

　この職業観・勤労観の育成をベースにしつつ，より具体的に育てたい力として提唱されたのが，「4領域8能力」（国立教育政策研究所生徒指導研究センター，2002）である。「人間関係形成能力」「情報活用能力」「将来設計能力」「意思決定能力」の4つの能力領域と，各領域において2つの能力を例示している。「人間関係形成能力」の能力例としては自他の理解能力とコミュニケーション能力，「情報活用能力」領域の能力として情報収集・探索能力と職業理解能力，「将来設計能力」領域の能力例として役割把握・認識能力，計画実行能力，「意思決定能力」領域の能力例として選択能力，課題解決能力が挙げられている。

　この能力論はまたたく間に学校現場に広がり，キャリア教育において育てたい力として多くの学校が4領域8能力を基盤としたねらいを立て，さまざまな取り組みを行った。

（3） 4能力8領域から基礎的・汎用的能力へ

　4領域8能力をキャリア教育のねらいに据えた実践が展開するうちに，「4領域8能力をねらいに据えさえすればキャリア教育」というような，各学校や地域の特色や児童生徒の実態を前提としない画一的な運用が目立つようになった。同時に，4領域8能力が職業に直結した狭い領域のみに焦点を当てすぎていること，キャリア発達とは学校教育から社会への移行期のみにとどまらず，より長い，生涯にわたるライフ・スパンを視野に入れて構想されるべきであるとの反省点も浮上した（文部科学省，2011）。

　こうした現状をうけて，キャリア教育を通して育成すべき能力として新たに提唱されたのが「基礎的・汎用的能力」である（中央教育審議会，2011）。本答申においては，キャリア教育の基本的な方向性として次の2点が挙げられている。

○幼児期の教育から高等教育まで体系的にキャリア教育を進めること。その中心として，基礎的・汎用的能力を確実に育成するとともに，社会・職業との関連を重視し，実践的・体験的な活動を充実すること。
○学校は，生涯にわたり社会人・職業人としてのキャリア形成を支援していく機能の充実を図ること。

　「基礎的・汎用的能力」の内容は，「人間関係形成・社会形成能力」「自己理解・自己管理能力」「課題対応能力」「キャリアプランニング能力」の4つに整理されている。4つの能力の具体的な内容は**表15-2**に示したとおりである。

表15−2　「基礎的・汎用的能力」の具体的内容
（文部科学省・国立教育政策研究所（2011）に基づき筆者が作成）

基礎的・汎用的能力

ア）人間関係形成・社会形成能力

	多様な他者の考えや立場を理解し，相手の意見を聴いて自分の考えを正確に伝えることができるとともに，自分の置かれている状況を受け止め，役割を果たしつつ他者と協力・協働して社会に参画し，今後の社会を積極的に形成することができる力。
	具体的要素）他者の個性を理解する力，他者に働きかける力，チームワーク，コミュニケーション・スキル，リーダーシップ等

イ）自己理解・自己管理能力

	自分が「できること」「意義を感じること」「したいこと」について，社会との相互関係を保ちつつ，今後の自分自身の可能性を含めた肯定的な理解に基づき主体的に行動すると同時に，自らの思考や感情を律し，かつ，今後の成長のために進んで学ぼうとする力。
	具体的要素）自己の役割の理解，前向きに考える力，忍耐力，主体的行動，自己の動機づけ，ストレスマネジメント等

ウ）課題対応能力

	仕事をする上でのさまざまな課題を発見・分析し，適切な計画を立ててその課題を処理し，解決することができる力。
	具体的要素）情報の理解・選択・処理等，本質の理解，実行力原因の追究，課題発見，計画立案，評価・改善等

エ）キャリアプランニング能力

	「働くこと」の意義を理解し，自らが果たすべきさまざまな立場や役割との関連を踏まえて「働くこと」を位置付け，多様な生き方に関するさまざまな情報を適切に取捨選択・活用しながら，自ら主体的に判断してキャリアを形成していく力。
	具体的要素）学ぶこと・働くことの意義や役割の理解，多様性の理解，将来設計，選択，行動と改善等

3. 各学校におけるキャリア教育

（1）小学校におけるキャリア教育

　児童期は，1年生から6年生までの多方面にわたる発達的変化の中で，社会的自立の基盤を築いていく時期である。キャリア発達課題も，学年に応じて変化する（文部科学省，2011）。

　　1）低学年：小学校生活への適応，身の回りの事象への関心を高める
　　　　　　　　こと，自分の好きなことを見つけて，のびのびと活動す
　　　　　　　　ること。
　　2）中学年：友達と協力して活動する中でかかわりを深めること，自
　　　　　　　　分の持ち味を発揮し，役割を自覚すること。
　　3）高学年：自分の役割や立場を果たし，役立つ喜びを体得すること，
　　　　　　　　集団の中で自己を活かすこと。

こうした各発達段階に応じたキャリア発達課題を踏まえ，小学校段階では，学校における係活動や遊び，家での手伝い，地域活動の中で自らの役割を果たす意欲と態度を育むことが重要とされている（文部科学省，2011）。

（2）中学校におけるキャリア教育

　中学校におけるキャリア教育も学校教育全体を通して行う必要があることはいうまでもないが，重要な要素として職場体験を挙げることができるだろう。2017年度の全国公立中学校の職場体験活動実施率（1日以上）は98.6％となっている。職場体験には，職業に関する理解を深める他に，地域への関心の育成や自己理解の深化，コミュニケーション能力の向上他，多方面にわたる効果が期待される（文部科学省，2005）。

　職場体験を充実したものにするためには，事前事後指導の充実が欠か

せない。マナー講座やお礼状の指導といった体験学習に付随する社会的基礎知識に関する指導にとどまらず，１年間，もしくは３年間の学習と職場体験活動を有機的につなぐよう努めることが重要であろう（長田，2016）。

（3）特別支援学校におけるキャリア教育

　特別支援教育においては，従来，障がいのある子ども達の社会的自立の困難さは学校段階においても強く意識されており，主に知的障がい部門において産業現場等における実習や作業学習が「職業教育」として行われてきた経緯がある。2009（平成21）年告示の特別支援学校高等部学習指導要領において職業教育とキャリア教育の充実が要点として示されて以来，普通校に一歩遅れてキャリア教育へ関心が向けられ，現在も校内研究課題としても取り上げられている。当初こそ教師たちの間からは，「職業的自立が難しい重度重複の児童生徒を対象とするキャリア教育といわれても，イメージがわかない」等の戸惑いの声が聞かれたが，知的障がいを有する子どもを対象とするキャリア発達支援の授業分析や，各障がい種の授業実践報告（菊地，2012），発達障がい・知的障がいのある児童生徒の自己理解を育むキャリア教育プログラム等（小島・片岡，2014），児童生徒の障がい特性に応じた工夫のもとに，子ども達の社会的自立を目指したキャリア教育実践が積み重ねられている（渡部，2014；島田，2016；鈴木，2016他）。

　特別支援教育においては，特に，「自立」のとらえ方に留意する必要があるだろう。一般に「自立」とは独力で社会生活を営むことを意味することが多い。しかし，特別な教育的ニーズのある子どもの「自立」は，独力にこだわらずに，他者からのはたらきかけへの反応を返す，或いは他者とかかわりながら生活すること，他者からの援助を受け入れつつ自

分なりの生活を立ち上げること等，それぞれの障がいの状態にあうように「自立」のとらえ方そのものを見直す必要があると思われる。インクルーシブな共生社会構築が叫ばれる昨今，更なる発展が期待される教育分野である。

4. 教育・学校心理学とキャリア教育

　最後に，本科目を通して学んできた「教育・学校心理学」と「キャリア教育」の関連について考えて結びとしよう。

　「教育・学校心理学」は，生涯にわたる学びと育ちを心理学の理論と方法によって検討する学問である。私たちの人生は学びと育ちの連続である。職業的領域にとどまらず，生涯にわたる生活全般にかかわる人生そのものという「キャリア」のとらえに基づくならば，「教育・学校心理学」はまさに「キャリア教育」の基盤となる学問といってよいだろう。

　子ども達の健やかな育ちとあらゆる発達段階の人々のよりよいキャリア形成に貢献できる学問として，「教育・学校心理学」が今後も発展することが期待される。

学習課題

1　あなたはいつごろから「つきたい仕事」について考え始めただろうか。そしてその「つきたい仕事」はどのように変わってきただろうか。自分のキャリア・イメージの変遷をたどるとともに，今の自分のキャリア・イメージを振り返ってみよう。
2　幼稚園・小学校・中学校・高等学校・大学の各発達段階に応じたキャリア教育とはどのようなものか，まとめてみよう。
3　社会の中で自立して「生きる力」とはどのような力だろうか。友人

たちと話し合ってみよう。自分が思いつかなかった意見にも耳を傾け
てみよう。

引用文献

中央教育審議会（2011）．今後の学校におけるキャリア教育・職業教育の在り方に
　ついて（答申）　文部科学省

藤田晃之（2014）．キャリア教育基礎論　実業之日本社

菊地一文（2012）．キャリア教育ケースブック　ジアース教育新社

経済産業省（2006）．社会人基礎力に関する研究会―中間　取りまとめ　経済産業
　省

小島道生・片岡美華　別府　哲（監）（2014）．発達障害・知的障害のある児童生徒
　の豊かな自己理解を育むキャリア教育―内面世界を大切にした授業プログラム45
　ジアース教育新社

国立教育政策研究所生徒指導研究センター（2002）．児童生徒の職業観・勤労観を
　育む教育の推進について　文部科学省

国立教育政策研究所生徒指導研究センター（2011）．キャリア発達にかかわる諸能
　力の育成に関する調査研究報告書　文部科学省

中央職業能力開発協会（2004）．若年者就職基礎能力修得のための目安策定委員会
　報告書　厚生労働省

文部科学省（2005）．中学校職場体験ガイド　文部科学省

文部科学省（2011）．小学校キャリア教育の手引き〈改訂版〉　文部科学省

内閣府（2003）．人間力戦略研究会報告書　内閣府

長田徹（2016）．中学校におけるキャリア教育　小泉令三・古川雅文・西山久子（著）
　キーワード　キャリア教育：生涯にわたる生き方教育の理解と実践（pp.99-112）
　北大路書房

島田静香（2016）．進路選択に視点をおいたキャリア発達を目指した実践―ろう学
　校の進路の探索・選択にかかる基盤形成の時期の取組を通して　キャリア発達支
　援研究，3，87-93．

Super, D. E.（1957）*The psychology of careers: An introduction to vocational*

development. Harper（スーパー, D.E. 日本職業指導学会（訳）(1960)　職業生活
の心理学：職業経歴と職業的発達　誠信書房）

Super, Savickas, & Super, (1996). The life-span, life-space approach to careers. In
D.Brown, L.Brooks, & Associates（Eds.）, *Career choice and development*（3rd
ed.）San Francisco：Jossey-Bass.

鈴木奈都（2016）. 病弱虚弱教育におけるキャリア発達を促す取組―自己肯定感・
自己有用感を育むことに着目した学習活動の工夫　キャリア発達支援研究, 3,
94-101.

渡部眞一（2014）. 肢体不自由特別支援学校における進路支援―キャリア教育にお
ける進路支援の役割について　キャリア発達支援研究, 1, 124-129.

参考文献

児美川孝一郎（2013）. キャリア教育のウソ　筑摩書房

キャリア発達支援研究会（2014）. キャリア発達支援研究1―キャリア発達支援の
理論と実践の融合を目指して　ジアース教育新社

渡辺三枝子（2018）. 新版　キャリアの心理学［第2版］―キャリア支援への発達
的アプローチ　ナカニシヤ出版

索 引

●配列は五十音順，＊は人名を示す。

著者紹介

進藤　聡彦 （しんどう・としひこ）

・執筆章→1〜8

1957年　山梨県に生まれる
1987年　東北大学大学院教育学研究科教育心理学専攻博士課程単位
　　　　取得退学，博士（教育学）
現在　　放送大学教授・山梨大学名誉教授
専攻　　教育心理学
主な著書　『いじめられた知識からのメッセージ』（共著　北大路書房，
　　　　1999年）
　　　　『教育評価重要用語300の基礎知識』（分担執筆　明治図書，
　　　　2000年）
　　　　『人間の発達と学習』（分担執筆　玉川大学，2001年）
　　　　『素朴理論の修正ストラテジー』（単著　風間書房，2002年）
　　　　『私たちを知る心理学の視点』（共編著　勁草書房，2004年）
　　　　『ゲームで身につく学習スキル　中学校編』（共編著　図書
　　　　文化，2005年）
　　　　『一枚ポートフォリオ評価　中学校編』（共著　日本標準，
　　　　2006年）
　　　　『学習者の誤った知識をどう修正するか』（共著　東北大学
　　　　出版会，2006年）
　　　　『社会科領域における学習者の不十分な認識とその修正』
　　　　（共著　東北大学出版会，2008年）
　　　　『自己調整学習　―理論と実践の新たな展開へ―』（共著
　　　　北大路書房，2012年）
　　　　『自己調整学習ハンドブック』（共著　北大路書房，2014年）
　　　　『自ら考える子どもを育てる教育の方法と技術』（分担執筆
　　　　北大路書房，2016年）
　　　　『探究！　教育心理学の世界』（分担執筆　新曜社，2017年）
　　　　『心理学概論（'18）』（分担執筆　放送大学教育振興会，
　　　　2018年）

谷口　明子（たにぐち・あきこ）

・執筆章→9〜15

1961年	東京都に生まれる
2005年	東京大学大学院教育学研究科総合教育科学専攻（教育心理学コース）修了，博士（教育学），公認心理師
現在	東洋大学教授
専攻	教育心理学・特別支援教育（病弱・身体虚弱）
主な著書	『教育心理学研究の技法』（共著　福村出版，2000年） 『臨床実践のための質的研究法入門』（共訳　誠信書房，2007年） 『心理学の実践的研究法を学ぶ』（分担執筆　新曜社，2008年） 『長期入院児の心理と教育的援助―院内学級のフィールドワーク』（単著　東京大学出版会，2009年） 『フィールドワークの技法と実際Ⅱ―分析・解釈編』（分担執筆　ミネルヴァ出版，2009年） 『心理学研究法』（分担執筆　サイエンス社，2012年） 『教職エッセンシャル』（分担執筆　学文社，2013年） 『病気の子どもの教育入門』（分担執筆　クリエイツかもがわ，2013年） 『心理学の基礎』（編著　八千代出版，2014年） 『育ちを支える教育心理学』（編著　学文社，2017年） 『質的研究のための理論入門―ポスト実証主義の諸系譜』（共訳　ナカニシヤ出版，2018年） 『ワードマップ　質的研究法マッピング』（分担執筆　新曜社，2019年） 『子どもの発達と学校［第3版］Ⅱ　特別支援教育への理解』（編著　ナカニシヤ出版，2019年）

放送大学教材　1720082-1-2011（テレビ静止画）

教育・学校心理学

発　行　　2020年3月20日　第1刷
　　　　　2022年1月20日　第3刷
著　者　　進藤聡彦・谷口明子
発行所　　一般財団法人　放送大学教育振興会
　　　　　〒105-0001　東京都港区虎ノ門1-14-1　郵政福祉琴平ビル
　　　　　電話　03（3502）2750

市販用は放送大学教材と同じ内容です。定価はカバーに表示してあります。
落丁本・乱丁本はお取り替えいたします。

Printed in Japan　ISBN978-4-595-32176-4　C1331